U0095106

万卷·人物

朱丹红

著

忍把浮名，换了浅斟低唱

柳永词传

北方联合出版传媒(集团)股份有限公司

万卷出版有限责任公司

ⓒ 朱丹红 2024

图书在版编目（CIP）数据

忍把浮名，换了浅斟低唱：柳永词传 / 朱丹红著
. — 沈阳：万卷出版有限责任公司，2024.2
（万卷·人物）
ISBN 978-7-5470-6387-3

Ⅰ．①忍… Ⅱ．①朱… Ⅲ．①柳永（约987—1053）—
传记②柳永（约987—1053）—宋词—诗歌欣赏 Ⅳ.
①K825.6②I207.23

中国国家版本馆CIP数据核字（2023）第208018号

出 品 人：王维良
出版发行：北方联合出版传媒（集团）股份有限公司
　　　　　万卷出版有限责任公司
　　　　　（地址：沈阳市和平区十一纬路29号　邮编：110003）
印 刷 者：辽宁新华印务有限公司
经 销 者：全国新华书店
幅面尺寸：145mm×210mm
字　　数：180千字
印　　张：8
出版时间：2024年2月第1版
印刷时间：2024年2月第1次印刷
责任编辑：朱婷婷
责任校对：张　莹
装帧设计：Amber Design 琥珀视觉
ISBN 978-7-5470-6387-3
定　　价：39.80元
联系电话：024-23284090
传　　真：024-23284448

目录

1

序　言

　　说起柳永，最为人熟知的便是那阕被收录在高中语文课本中的《雨霖铃》。但若对柳永的人生稍加探究，就一定会知道，柳永一生的雅好，便是红颜知己无数。就连柳永自己都曾自豪地写道："且恁偎红倚翠，风流事，平生畅。"

　　在烟花柳巷里，有柳永的意中人，不是她，而是她们。这般风流的生活，才是柳永平生最大的快慰。

　　谁说与青楼女子交好有违文人风骨？青楼女子也是人，也有感情。她们不敢将真情交付给重利轻离别的富商，不敢交付给逢场作戏的官场中人，唯有托付给柳永这般多情的书生。他的情虽不专，却足够真。

　　或许因为柳永被烙印上风流浪子的标签，世人才不愿为之作传。可柳永哪在乎这些，他生来便不是遵循传统的读书人，世人说他风流，他便自诩"花间皇帝"；世人叹他空有才华，他便自封"白衣卿相"，这又何尝不是一种不与庸人为伍的桀骜？

　　其实，在那个吟风弄月的时代，与青楼女子交好的文人墨客又何止柳永一人？无论大文豪陆游、苏东坡，还是政治家晏殊、王安石，无一不是青楼的常客。只是，众人只以此当作消遣，唯有柳永，高调地对一个又一个风尘女子付出真情。

文人墨客们无法容忍的，就是柳永的"真"；青楼女子们最珍惜的，也是柳永的"真"。在她们心目中，柳永的"杨柳岸，晓风残月"，远胜过苏东坡的"大江东去，浪淘尽"。真正懂她们的人，婉约就好，无须豪情。

不得不承认，柳永的词，有天赋，有才情，更有底蕴。那时，"凡有井水处，皆能诵柳词"。对于歌女艺伎而言，柳永不只是知心人，更是"贵人"。只要唱柳永的词，就有在烟花巷中扬名的机会，因此也便有了那个流传于烟花巷陌的说法："不愿君王召，愿得柳七叫；不愿千黄金，愿得柳七心；不愿神仙见，愿识柳七面。"

与歌女艺伎为伍，是柳永的另一种狂放。他实在是个怀才不遇的才子，三次科考，三次落第，于是，便有了那阕写满牢骚的《鹤冲天》。"忍把浮名，换了浅斟低唱"，他痛快地否定着大宋朝的科举制度，让本来爱惜人才的仁宗皇帝也难得地"小心眼儿"了起来。每当再有人举荐柳永，仁宗皇帝的答复总是"且去填词"。用一纸狂放换来皇帝的封杀，柳永又怎么可能走上理想的仕途人生？

然而，柳永却转身重回风月之地，轻描淡写的一句"奉旨填词"，遮掩了心底的失落，继续书写青楼女子的真心。

多番科考失意之后，再没有一座城，能值得柳永为之长情。他一路走走停停，从杭州到苏州，再到扬州，无论走到何处，仕途，始终是他的意难平。于是，他也曾尝试着返回汴京，满怀希冀，搏一搏前程，终究还是换来一场失落，再度踏上放逐梦想的旅程。

他从汴京漂泊至西北，再辗转至成都，之后又一路沿着长江向东，流连于湘楚之地。每到一处，他总要留下几阕词、几段情。

午夜梦回时，他偶尔也会思念自己的妻子。新婚时，他曾经是一位深情夫婿，但在他后来的词里，却鲜少提到有关妻子的内容。

也许，柳永对漂泊的痴迷让妻子不满，也让她灰心。最终，她任由柳永徜徉于湖山美好，也任由他沉溺于听歌买笑的浪漫之中。或许，妻子才是这个世界上最了解柳永的人，明白他得不到自己最想要的仕途，便只能去做一名浪子词人。

有人说，柳永的词，就如白居易的诗，通俗易懂，流传甚广。柳永所用词调，竟多达一百五十多个，且大多是前所未见的新调。据说，当时东京青楼女子若有不识得柳七官人者，定会遭众人耻笑。在《西江月》中，柳永不吝笔墨提及自己的红颜知己："调笑师师最惯，香香暗地情多，冬冬与我煞脾和，独自窝盘三个。"

一阕词中便提及三位知名青楼女子，其余没有被柳永提到的红颜知己，更是不胜枚举。虽终日与烟花女子为伍，却并非柳永堕落。给歌女写词，是他最主要的生活来源，唯有生活在她们中间，才能写出她们的真情。

在科举场上，柳永能找到的不是嘲讽，便是挫败；在烟花柳巷中，他能找到生计，还能找到友情与爱情，最主要的，是他能找到尊重。

身处风月中，却处处真性情。这才是柳永能写出如此之多隽永佳作的原因。而柳永的"真"，不只体现在他对知名青楼女子的感情，更在于他对功名的纠结。

表面上看，仕途坎坷、生活潦倒的柳永只沉溺于繁华旖旎的勾栏瓦舍，但骨子里，他还是舍弃不了对功名的追逐。于是，他便矛盾着，眠花宿柳的同时，又时刻挂念着仕途。或许，艺术家唯有经历过落魄，才能创作出鲜活的作品。仕途上的不幸，反而让柳永的词作天赋发挥到极致。

他便用这样的妙笔，书写着知名青楼女子与自己的苦闷，倾诉彼此的心声。于是，在歌女艺伎们心中，多少英雄、才子，都比不上一个柳永。

第一章

烂漫·登山临水望春晖

君子有三变

很多故事从一开篇就注定写满无奈。岁月辗转，光阴如水，猝不及防间，便能带走一个人的浮世清欢。尘世喧嚣，总有人心怀执念，不甘沉沦于寂寞，所以难得酣梦依然。

有多少人，能在喧闹与躁动之间，静静聆听自己的心音，将如歌如诉的人生，书写成诗情画意？

人活于天地之间，莫不是远行的旅客，总要经过无数次乱花渐欲之处，才能终于找到一处柳暗花明。这才是人生真实的模样，却只有那些站在光阴巷口留心感知的人，才能用笔墨描摹出那些或清亮、或黯淡的时光。

唐诗、宋词，只言片语，承载了多少情怀与过往。甚至一韵一脚，都能寻觅出多少旧时光。数不清的才子佳人、文人墨客，堆砌出唐宋风流。时光深处，一个个熟悉又陌生的身影，捧一段流年的时光，剪成岁月的絮语，再转托清风明月，向后世寄托款款深情。

带着岁月馨香的笔墨，总是让人爱不释手的。尤其是宋词，千年风雅，美妙绝伦。有的宋词，如一杯烈酒，虽灼口，却余香缭绕；有的宋词，如一杯茶，闻之清淡，饮下却香气氤氲，值得慢慢品味。

柳永的词，便是后者。凄婉绵长，充满儿女之情，虽偶见豪放，却大多意境哀婉。用最平易轻快的音律，表达最复杂的心境。若细细读来，还能隐约感受到他心底的凄楚与惆怅。

或许是特殊的年代，造就了柳永独特的词风。盛世的尾声，总是烽烟，这仿佛就是历史的轮回。在这样的轮回之下，有人尽情书写着豪情，有人则把惆怅刻进骨子里。

柳永便出生在盛世与烽烟的交叠之时，北宋初期，刚刚建立起来的王朝尚不安定，混乱的局面刚刚平息，百废待兴之下，一切都在朝着向好的方向发展，可那一派蒸蒸日上的气象里，唯独柳永不在其中。

如果用一个词来总结柳永的人生，最适合的莫过于"寥落"。他的命运算不上多么艰难坎坷，却偏偏少了几分幸运，于是，便成就了他惆怅凄凉的词风：

> 秋尽。叶翦红绡，砌菊遗金粉。雁字一行来，还有边庭信。
>
> 飘散露华清风紧。动翠幕、晓寒犹嫩。中酒残妆慵整顿。聚两眉离恨。

写下这阕《甘草子》时，柳永已步入晚年。那时的他，已不再放浪形骸，但却品尝到足够多的人生无奈。

他借思妇的口吻，写人生的孤独寂寥；借大雁传书，表达自己对人生的期盼。无论他一生如何流连花间，都不曾有人否定他在词作方面的不世才华。甚至有人偏偏欣赏他的真性情，纵观宋代文人，很少有人像柳永这样，专注地扮演着自己的人生角色，毫不遮掩。

他用一支婉约的笔，写尽千古风情，茫茫人海之中，他落寞地从每个人身边经过，却偏要让人分享自己的快乐。无人为他加冕，他便为自己封王。沉溺于词句中，便是他最简单的欢喜。

"杨柳岸，晓风残月"，是柳永人生的注解。他在自己的世界里，承担着属于自己的苦痛与悲伤，从不强求别人帮他逃出命运的藩篱。如此看来，柳永是自己世界里的英雄，毕竟人活于世，没有几个人能像他一般，真正地做自己。

追溯起来，柳永的祖辈是唐玄宗年间的御史中丞、福建观察使柳冕。柳冕与柳宗元同辈，是韩愈、柳宗元倡导的古文运动的先驱之一。他博学富文辞，主张文道并重，尊经崇儒，不喜屈原辞赋，强调写文应有"气"，即"社会的风气、作者的志气、作品的生气"，为韩愈论气的先导。

柳永的祖父柳崇，字子高，曾为沙县县丞。据说，柳崇曾因唐末时局动荡，决意隐居于故土，只读圣贤书，不问天下事。朝廷曾数次派人请柳崇出仕，皆被其婉言谢绝，最终还是被朝廷的诚意打动，出仕为官。

从柳崇一辈开始，柳氏一族便家训甚严。柳永父亲一辈共有兄弟六人，分别为柳崇原配丁氏所生的柳宜、柳宣；继室虞氏所生的柳寘、柳宏、柳寀、柳察，皆出仕为官。

柳永的父亲，便是柳崇的长子柳宜。他性情耿直，为官清正，曾在南唐后主李煜朝中任监察御史，时常直言进谏，即便涉及权贵也从不避讳。北宋灭南唐后，柳宜以降臣身份入朝为官，先后任山东费县、任城令，通判泉州，赞善大夫，最终以工部侍郎职务致仕。

只不过，柳宜在仕途上走得并不坦然。南唐曾抵抗过北宋，即便成为北宋降臣，包括柳宜在内的一帮臣子都过得胆战心惊，行事小心翼翼，对宋太祖皇帝赵匡胤更是万分惧怕，日子过得并不舒心。

柳宜对旧主李煜一直念念不忘，尤其钦佩李煜在诗词方面的才情与造诣。在柳宜的影响下，柳永便对诗词有了超乎寻常的兴趣。

若仔细想来，柳永的词风或多或少有着李煜的影子。作为一名客死异乡的君王，李煜无疑是失败的。然而，李煜的文采却足以令他在诗词领域称王。李煜的词，婉约动人，又语言明快、用情真挚，尤其是在亡国之后，更添了深沉的意境，影响了整个后世词坛。

柳永自幼便吟诵着李煜的"春花秋月何时了？往事知多少"。虽年少不知愁滋味，却在不知不觉间，将惆怅刻进了骨血中。

若李煜还活着，年少的柳永多想问一问他究竟"能有几多愁"，那些愁绪难道真如"一江春水"般漫延汹涌吗？

只可惜，柳永出生时，距离李煜离开这个世界已过去六年。宋太宗雍熙元年（984年），柳永降生在沂州（今山东境内）。那里是父亲柳宜的任所，作为南唐降臣，柳宜并没有获得多高的官职。最初降宋时，不过是被委任为山东雷泽县令，几年后又移任山东费县县令。柳永出生时，柳宜已经四十六岁，妻子刘氏也已四十四岁。

虽然已是家中的第三个儿子，柳永的降生依然让柳家上下欢欣不已。父亲为他取名"三变"，源自《论语·子张》："君子有三变：望之俨然，即之也温，听其言也厉。"父亲希望这个刚刚降生的儿子能像《论语》中所说的君子那样，看上去庄重威严，与人接触时又能待人温和，说话时又能极具分量。

出生于书香世家，父亲更希望儿子能饱读诗书，考取功名，在仕途上有所作为，光耀柳氏门楣。可惜，柳永并没能满足父亲的期望。他的确饱读诗书，却没能用之于朝堂，而是用精妙的词句婉约了烟花柳巷；他的确憧憬仕途，却在科举考场上一次次折戟，没能让父亲在有生之年看到他身着官服的模样。

在泥泞的仕途上，他跋涉了太多年。带着满腔孤傲与失落，他将自己流放于勾栏瓦舍之间，甚至父亲最初为他取的名字"三变"，也被他改成了"柳永"。他并非不想做个君子，但做君子实在太难。唯有醉卧花间，将一颗无处安放的心交付给词句，才能让他找到些许安然。

辗转人生，皆是风景

光阴浅吟清唱，将一抹温度收入掌心，再摊开手掌时，便洒下一段静好的时光。

柳永人生中最静好的岁月，或许就在他最初降临人间的那几年吧。关于他的出生，一直流传着几件奇事：

据说，早在太平兴国五年（980年），柳永的祖父柳崇听说次子柳宣升官，为表庆贺，特地渡江前往济州去探望，顺便探望柳宜。不承想，一路颠簸劳顿，柳崇到了济州突然患病，药石无效，竟然病故于济州官舍。

柳宣和柳宜只得暂时将父亲安葬在济州郊野，两年之后，一位风水先生勘查过柳崇的墓地之后，认为此处墓地风水不佳，对柳氏子孙不利。在风水先生的建议下，柳氏兄弟决定将父亲的坟墓迁往沂州费县，也就是柳宜的任职之地。

为了寻找一处绝佳的风水宝地作为墓地，柳宜花费了许多时日，终于功夫不负有心人，找到了一块适合安葬父亲的土地。柳宜立刻安排工人挖掘墓穴，可是挖到一半，竟然再也挖不动了。原来，土地下方是一块大石板，坚硬异常。开工不利，柳宜以为不是吉兆，再次请来风水先生，可风水先生却认为这是大吉之兆，寓意"玉带缠腰"，建议一定想办法取出石板，将棺木安葬在这里。

柳宜听取了风水先生的建议，让工人将石板移开，令人惊讶的是，石板下方竟然是一汪清水，甚至还有一条鱼畅游其中。

就在柳崇棺木下葬在此处的第二年，柳永便出生了。柳宜不禁回想起石板下清泉中的那条游鱼，觉得那条鱼的出现，便是柳永即将降生的征兆。

在柳永出生的前夜，柳家琴房里突然传出琴声。柳宜走到琴房去察看，发现祖上传下来的那架古琴琴盖并未打开，却不弹自鸣，发出悠扬的琴音。

同样是在这段时间里，一颗异常明亮的星星一直悬挂在柳家屋顶上空。人们纷纷猜测，那便是传说中的文曲星。当柳永降生之后，柳家上下皆坚信，柳永就是文曲星转世。

种种奇事，为柳永的人生增添了许多神秘色彩。没有人知道，这些奇事是否真的发生过，或许是后人敬仰柳永的才华，便着意为他原本荒凉的人生渲染一些色彩吧。

说柳永人生荒凉，只是因为他用大半生的时间追逐仕途，却没能在官场上大有作为。与其他柳氏子弟相比，柳永的官运实在不济。

柳永的父辈兄弟六人，个个在朝中为官：父亲柳宜在南唐时便官至监察御史，入北宋之后又官至工部侍郎；柳宣在南唐时官至大理评事，入北宋后以校书郎为济州推官，后又官至大理司直、天太军节度判官；柳寘于宋真宗大中祥符八年（1015年）考中进士；柳宏则在咸平元年（998年）考中进士，后来任江州德化知县，天圣年间（1023—1032 年），累迁都官员外郎，并以光禄寺卿身份离世；柳宷官至礼部侍郎；柳察十七岁时举应贤良，待诏金马门，后官至水部员外郎。

到了柳永这一代，兄弟三人皆才华不菲，被世人称作"柳氏三绝"。柳永的长兄柳三复，在宋真宗天禧三年（1019 年）考中进士，后官至兵部员外郎；次兄柳三接，与柳永同在宋仁宗景祐元年（1034 年）考中进士，后官至都官员外郎。

与父兄辈相比，柳永的仕途命运实在坎坷异常。他虽具备惊世才华，却只能凭借无与伦比的精妙词句惊叹众生。

可是，谁又能说柳永的人生不是精彩的呢？若抛开仕途不提，与风月之人行风月之乐，是多少文人墨客热衷的事情？可见，让柳永惆怅的，不是风月本身，而是人性与命运。

无论贫寒门第还是富贵之家，都希冀家中的孩童能成长为栋梁之材。于是，人们便将大部分希望寄托在孩子的抓周礼上，坚信摆在孩童身边的那一个个小物件儿，便能决定他们未来漫长几十年的命运。

柳家也不例外，柳永周岁时，家里为他举办了抓周礼。不知有多少孩童的人生与前程被这场简单却又隆重的仪式预测中了，至少，柳永的抓周礼，与他未来的人生有着或多或少的联系。

那一日，摆在柳永身边的是各色器皿，里面放置着各式各样的物件儿：笔墨纸砚、乐器、书卷、算盘、食物、胭脂……抓周礼上的柳永，如同《红楼梦》里的宝玉，一下子便抓起了一盒胭脂。柳宜当即变了脸色，在场的客人赶忙圆场，说这预示着柳永将来会娶一位才貌双全的女子，柳宜的脸色这才和缓了些许。

从一开始，柳宜就希望自己的儿子能长成一个符合儒家教训的严肃君子。记得柳永出生那天，刚好赶上花朝节，也就是百花的生日。当时，为柳永接生的喜婆为了多讨些赏赐，便告诉柳宜："小少爷生来就宫花满头，这正是贵为公卿的祥兆啊！"

柳永最终也没能贵为公卿，而是成了一个在脂粉堆里打滚的书生。多年以后，再思及柳永的一生，原来那所谓的"宫花满头"，竟是应了在烟花风月的秦楼楚馆里觅得那些数不清的红颜知己。

至今想来，无法理解为何在一名男童的抓周礼上会出现胭脂这样的女人物件儿，或许，这也是后人杜撰出来的吧。好在，在传说里，胭脂并非柳永在抓周礼上抓到的唯一物件儿，继胭脂之后，他又抓起了笛子。一连两次，柳永抓到的都是"没出息"的东西，父亲险些坐不住了。幸好，柳永最终没有辜负父亲的期望，终于抓起了毛笔。

若用某些物件儿来总结柳永的一生，那最贴切的便是胭脂、笛子和毛笔。他带着一颗七窍玲珑心出生，一双慧眼最能发掘女子的美艳；他又有倚马立就之才，一支妙笔写尽人生的不圆满；在脂粉堆里焚字取暖，伴一曲笛音，任凭绝世红颜唱尽他与她们的辛酸。

从幼年开始，柳永的人生便在路上。他一生漂泊，写半世哀伤，人生于他而言，可谓一段不折不扣的"旅程"。

柳永三岁那年，父亲柳宜移任濮州任城（今山东济宁任城区）县令。幼小的柳永从那时开始，便迈出了人生旅程的第一步。只是，那时的他，尚在父母温暖的怀抱中，世路艰难，皆有人替他去挡。至于红尘路远，他也不放在心上，有父母在的地方，心便安然。

作为家中幼子，柳永自然是最受父母疼爱的。他容貌可人，尤其是那双眼睛，显露出灵气，几乎每一个见过柳永的长辈，都赞他将来必有才情。父母对他的期望也高于两个哥哥，尤其是父亲，将光耀柳氏门楣的期望大半都寄托在柳永身上。于是，在柳永尚且咿呀学语的时候，父亲便开始教他认字。到了能清晰吐字的年龄，柳永已经识得不少字，甚至还能哼唱一些母亲平日里最喜欢唱的小曲儿。

从沂州到濮州，虽是迁移，却并未离开齐鲁大地。柳永的整个幼年时光几乎都是在那里度过的，柳永也说不清自己究竟是否喜欢那里，只是生于斯、长于斯，便从骨子里认同了这个地方。

可是，厚重的齐鲁山川，并不符合柳永天生婉约的灵魂。直到去往江南，柳永才终于找到了灵魂安放之地，这已是后话。

齐鲁大地的民风与气韵，滋养着这个幼小的生命。刚刚经历过一场短暂的漂泊，年幼的柳永却并不懂得何谓漂泊的辛酸。此时的他，还只知道快乐，目之所及，根本没有一种叫作忧愁的东西。

若可以选择，或许柳永宁愿永远留在那个不知愁滋味的幼年时期，至少那时的快乐是纯粹的，无须华丽的辞藻去渲染，去伪装。

只是，年幼的柳永很少在父亲的脸上看到快乐的神情。

作为南唐降臣，柳宜在北宋朝堂上很难找到容身之地。由南唐监察御史，到北宋小小的县令，柳宜无法忍受官位上的落差。

更令他无奈的是，南唐降臣的官服颜色也和北宋官员的官服颜色有着明显的区分。北宋官员按照官位级别高低，官服颜色从绿到朱，再到紫色，而南唐降臣无论官职高低，官服皆为绿色。那明晃晃的颜色仿佛在提醒着每一位南唐降臣，在北宋的朝堂上，他们纵然才华无限，也只能被称作"伪官"。

这无声的嘲讽让柳宜多年来郁郁寡欢，他身有才华，心有不甘。在朝堂上，柳宜朋友不多，却与自幼被誉为"神童"的王禹偁交好。据说，王禹偁性情孤傲，只与儒雅之士交往，却与柳宜一见如故，足以见得，柳宜的才华与为人皆非寻常。

为了摆脱在官位上尴尬的窘境，柳宜思虑已久。他并非没有改变命运的机会，与他同为南唐降臣的郑文宝就通过参加科举，成为北宋进士，接下来的仕途就顺遂了许多。

柳宜并非不愿参加科举，只是因为种种原因，屡屡错过科考。为了迅速改善自己的处境，柳宜能选择的路，只剩下"叫阍上书"这一条了。

所谓"叫阍"，原本是指吏民因冤屈而向朝廷申诉。若是放在最初降宋的时候，柳宜是万万不敢这样做的。他虽有上进之心，却不鲁莽，决定走"叫阍上书"这条路，是因为他看出了北宋朝廷对南唐降臣的态度有了松动。

宋太宗淳化元年（990 年），朝廷下诏，撤销对南唐降臣官服颜色的限制。柳宜以此判断，朝廷终于能对南唐降臣与北宋官员一视同仁了。于是，他立刻带着三十卷文章从濮州赶往汴京，上书乞试。

柳宜的这次"叫阁上书"，令朝廷上下大为震惊。宋太宗反而欣赏柳宜的勇气，立刻命新任宰相吕蒙正为柳宜考试。柳宜用自己的满腹经纶获得了宋太宗的欣赏，被任命为荆湖南路全州（今广西壮族自治区全州）通判。

凭借勇气与真才实学，柳宜在朝堂上为自己搏出了一条路。柳府上下都为柳宜的升迁雀跃不已，但与此同时，柳宜的妻子刘氏脸上也露出一抹愁容。

按照北宋制度，包括荆湖南路在内的八路之地官员不允许携带家眷赴任，否则会有重罚。因此，柳宜在赴任之前，不得不将妻儿送回福建崇安五夫里（今福建省武夷山市上梅乡茶景村）。

对于年少的柳永来说，这只是他漫长人生中的又一次漂泊而已。在他未来的人生里，还有无数次颠沛流离等着他去经历，去感受。漂泊人生的艰辛，能将一颗豪情万丈的心打磨得平和。将心事遣入流年，以行走的姿态，步入淡墨红尘里，从此，只吟风弄月，且歌且行，无关他言。

长短平仄，是宿命之音

人生起起伏伏，每个阶段都各有韵味。岁月亦有平仄之音，可惜世人忙于生计，无暇品味。

回忆终究是命运的嗟叹，人生也是不停的辗转。距离柳永上一次跟随家人迁徙，仅仅过了四年。只是四年前的他，尚不知何谓迁徙，只懂得依偎在父母怀中，错过了许多沿途的风景。而此时的柳永已经七岁，他不仅已经懂得欣赏风景，更已经懂得什么叫作怀念。

齐鲁大地是柳永生长的地方，对他而言，这里更像是故乡，而真正的故乡福建崇安，反而是个遥远的地方。当得知自己即将跟随母亲和哥哥们去往千里之外的崇安，柳永忽然发现，自己对这片齐鲁大地竟是如此不舍。他有许多地方还没有去过，尤其是古人在诗句中反复描写的那些地方，柳永暂且只能神往，只待自己有朝一日长大成人，便将那些地方一个一个游遍，踏着古人的足迹，与他们隔着时空进行心灵上的交流。

可惜，命运对柳永总是缺乏一些耐心，偏要用一双无情的手，一次又一次在仓促间推搡着他上路。

告别任城的那一天，当地百姓纷纷来送行。柳宜为官清正，深得民心，无论在何处为官，总能受到百姓拥戴。柳宜从不愧对自己的官职，他的为官信条，便是要造福一方百姓。他这样想，也这样做，年幼的柳永虽不懂得如何做官，却已经以父亲深得民心而骄傲。

柳氏兄弟分散在各处为官，唯一与柳宜离得近的，便是二弟柳宣。于是，在去往崇安的路上，柳宜特意带着一家人绕道去看望柳宣。全州路远，此去一别，再见遥遥无期。

这样的离别是最让人伤感的，因为没有人知道何时才是归期。本以为聚散离别是顺理成章的事情，却没人能够预料，这样一次再寻常不过的分别竟成了永诀。

柳永与二叔见面次数不多，他甚至还未来得及记清二叔的容貌，便跟随父母再次匆匆上路。这一路上，他们并没有充裕的时间游览沿途风景，柳宜需要尽快赶到汴京，办理去全州赴任的手续。

柳宜的好友王禹偁已在汴京恭候许久，当时，王禹偁在汴京任左司谏、知制诰，他与柳宜虽见面不多，却友情深厚。王禹偁出身寒门，自幼学有所成。进士及第之后，王禹偁先后被任命为成武县（今山东成武）主簿、大理评事、长洲（今江苏苏州）知县、右拾遗并直史官等官职。他为人刚直，誓言要"兼磨断佞剑，拟树直言旗"，甚至还以《端拱箴》来批评皇宫内的奢侈生活。

或许是因为同样的耿直，以及同样的抱负，才让王禹偁和柳宜一见如故，交好多年。旧友重逢，自然是需要一番热情款待的。柳永三兄弟也与父亲一同入席，言谈举止皆有礼数，引来王禹偁频频赞赏。他尤其喜欢器宇不凡的柳永，总觉得柳永比一般孩童更具灵气，或者说，更敏感。

的确，柳永总是能从细微的表情和语调中感知对方情绪的变化，就好比这次宴席上，他清晰地感受到，父亲虽有升迁的喜悦，却还是不经意间流露出淡淡的忧伤。柳永只能感知父亲的情绪，却不知为何如此。直到王禹偁与柳宜聊起全州的现状，柳永才得知父亲忧伤的源头。

原来，时任荆湖南路府帅的魏羽与柳宜皆为南唐降臣。在南唐时，柳宜的官职高于魏羽，而到了北宋，魏羽却成为了柳宜的顶头上司。一想到这些，柳宜便有些意难平。

可人生就是如此，总有几番沉浮，没有人会永远待在原地，也没有人能保证一生居于高位。柳宜自然懂得这样的道理，只是人总有钻牛角尖的时候，三杯两盏淡酒下肚，与好友倾诉一番，也就化解了。

似乎是为了安慰柳宜，王禹偁专门为他作了一篇《送柳宜通判全州序》。他在文中称赞柳宜是江左一带声名显赫的人物，因不避权贵、直言上疏而获得南唐国主器重。像柳宜这样的人品与才能，只屈居州县小官实在令人感到惋惜。好在柳宜通过"叫阍上书"获得了皇帝的赏识，远胜过那些靠谄媚权势、奴颜婢色而升迁的小人。

王禹偁的安慰似乎让柳宜宽心了许多，这一点，柳永从父亲的神色中看得出来。这是柳永人生中第一次来汴京，对于尚且是孩童的他来说，汴京的喧闹与繁华令他欣喜。

小孩子总是喜欢热闹的，或许从那一刻开始，留在汴京，便成为了柳永骨子里的执念，这个执念，也伴随了他一生。

这次来汴京，柳永只随父亲停留了短暂的时间。父亲前去全州赴任的各项文书皆已准备妥当，柳永跟随家人再次启程。他依依不舍地与汴京的繁华作别，将热闹与喧嚣留在身后，一步一步走向故乡崇安。在那个此前从未踏足过的地方，他褪去年少的青涩，积蓄笔落惊风雨的才华，长成风流倜傥的模样，当再次回到汴京，柳永早已不是当年那个聪慧但却懵懂的孩童。

从汴京到崇安，要沿水路而行。以柳宜如今的官职，沿途是有兵丁护卫的。这让柳永和两个哥哥无比开心，尤其是当船渐渐驶向南方，沿途的景致变成了与北方截然不同的模样，柳永这才发现，曾经的自己就如井底之蛙，竟不知大宋朝有如此广阔的天地。

南方的山水就如同南方的人，细腻而又多情。眼前的一切让柳永说不出地喜爱，仿佛自己前世便属于这里。

这一趟漫长的旅程，柳永沉浸在明山净水之中，丝毫不觉得辛苦。直到风景秀丽的武夷山出现在眼前，柳永才惊觉，此行不知不觉已近终点。

自古以来，崇安便是个钟灵毓秀之地。这里山水环绕，光是叫得上名字的山就有十几座，溪水、滩涂更是数不胜数。柳永在小时常听父亲说，家乡的武夷山，素以"碧水丹山"著称。读书识字之后，柳永还特意找来许多关于武夷山的传说，想要对自己的故乡多一些了解。

传说中，武夷山在远古之时还是一片洪荒之地，洪水泛滥成灾，遍地妖兽横行，生活在那里的百姓苦不堪言，只得躲进山坳里。

一位姓彭的老人为了让百姓过上好日子，便披星戴月地开山治水，到了须发皆白的年纪，人们便尊称他"彭祖"。彭祖有两个儿子，一个名叫彭武，一个名叫彭夷，这两兄弟落地见风就长，一阵春风吹过，便会喊爹娘；二遍春雨洒过，便能站立行走；三瓣春茶绽芽，便能下地奔跑。他们智勇双全，聪慧过人，从小就跟着彭祖翻山越岭，开山治水。

彭祖活到八百八十岁仙逝，只留下一把斧子、一柄锄头和一弯弓箭，嘱咐两个儿子要继续治水，为百姓造福。两兄弟不负重托，挖出九曲十八弯，治住了咆哮的山洪，杀死妖兽，又将荆棘丛开垦出一片片良田，种上岩茶，栽上稻谷和果树，在山上种满奇花异草与珍稀药材。

曾经的穷山恶水，在彭武和彭夷兄弟手中变成了人间仙境。他们死后，人们为了纪念这对开山有功的兄弟，便将此山用他们的名字命名为"武夷山"。

福建盛产茶叶，柳永还读到一则关于武夷名枞"白鸡冠"的传说。相传武夷山古时有位茶农，抱着一只大公鸡为岳父祝寿。一路上太阳炙烤，茶农热得受不了，便将公鸡放在树下，自己也找个地方乘凉。没过一会儿，茶农听到公鸡发出惨叫，发现一条青蛇从脚边滑过，公鸡已经被蛇咬死，鸡冠流出鲜红的血滴落在旁边的茶树根上。茶农只得将公鸡埋在茶树下，空手去给岳父祝寿。后来，那棵埋着公鸡的茶树却越长越旺盛，叶子由绿变白，散发出浓郁的清香。这棵树产出的茶叶颜色与别的茶树不同，米黄中带着乳白色，泡出来的茶汤亮晶晶的，还没到嘴边就清香扑鼻，一口饮下去，清凉甘甜，就连茶柄都带有清香味，据说还有治病的功效。因为这棵茶树是鸡冠血滋养而成，因此其产出的茶叶便被命名"白鸡冠"。

如今，那个只出现在传说里的地方就近在咫尺，有那么一刹那，年幼的柳永甚至有一些激动。小孩子总是容易被陌生的事物吸引，离船上岸的那一刻，便已经全情投入到新奇环境的喜悦中，全然忘记了就在不久之前，自己还对繁华的汴京恋恋不舍。

柳氏一族的故乡崇安五夫里坐落在武夷山东南部。在当地，柳家是出了名的书香门第，得知刚刚升迁的柳宜带着家眷返乡，乡民们自发热情迎接。那壮观的场景突然让柳永意识到，这就是所谓的光耀门楣吧。

潜意识里，柳永将仕途与荣耀联系在一起，这也是为什么此后多年，他屡次落第，也要屡次重新走上科举场的原因。

在崇安，柳宜将家眷安顿好，便动身前往全州赴任。转眼几个月过去，初返故乡的柳永开始思念父亲。从出生到现在，柳永从来没与父亲分别如此之久。他想给父亲写信，倾诉自己的思念。

柳永记得，父亲时常吟诵南唐后主李煜的《虞美人》，也是从父亲那里，他第一次知道有一种叫作"词"的文体，它平仄不齐，不像诗句对仗工整，但读起来却更觉深情。于是，柳永便要为父亲写词：

忆王孙

登山临水望春晖，屈指算来数月离。闽江水涨鲤鱼肥。盼爷归，菽水承欢媛庭闱。

写下这阕词时的柳永只有七岁，却能将思父之情跃然纸上。可以想象，收到这封信的柳宜该是如何感动。柳宜寄厚望在柳永身上，他在回信中叮嘱柳永，不要沉迷于诗词歌赋之中，应当发奋读书，考取功名。然而，正是这"考取功名"四个字，却拖累了柳永的一生。

光阴不辜负少年

少年易老，光阴不可轻负。流光容易把人抛，转眼便是一年。

柳宜在去全州赴任之前，特意叮嘱妻子刘氏，一定要对几个儿子严加管教，悉心培养，尤其是柳永，更要督促他刻苦读书。

教养三个儿子的重担一下子落在刘氏一人肩上，好在她没有辜负丈夫的嘱托，对孩子们的教导丝毫不敢懈怠。

教柳永读书，并不是什么难事。他天资聪颖，对诗书本就钟爱。在私塾里，柳永跟着先生苦读圣贤书。他是最受先生喜欢的学生，尤其是在诗文方面，柳永早早显露出高于同龄人的天赋。

即便是从私塾回到家中，柳永依然书卷不离手。只不过，他闲时读得最多的，是古人留下的诗词，尤其是温庭筠和李煜的词，柳永虽不能完全读懂词中的情致，却莫名钟爱那种婉约旖旎的意境。

词句长短平仄的节奏，演绎出柳永命运的旋律，他此生注定要沉浸在这旋律中，悲喜与荣辱，皆牵系在那些婉转柔美的词句里。

因为爱读词，柳永也爱上了读史。他想要知道，是怎样的际遇与情境，才让那些古人写出这样清新绮丽的文字。他想要了解这些词人背后的故事，于是便找来许多史书，了解他们的生平。

读着读着，柳永开始效仿着那些婉约派词人的笔调，书写自己的感悟。他尚且是个孩童，笔法依然稚嫩，但字里行间，已足见灵性：

读史怀今

金风送爽入吾庐，缅忆前贤九月初。

借得少陵大手笔，墨香重彩绘新图。

其实，翻阅柳永词集，这首《读史怀今》与《忆王孙·登山临水望春晖》并不在其中，有人说，这或许并非柳永本人的作品，但也有许多与柳永相关的文字认定，这就是柳永童年之作，之所以没有被收录进他的词集里，是因为太过稚嫩，与柳永后期的词风不符。

无论真相如何，可以肯定的是，此时的柳永，已经彻底为那些长短不一的词句着迷。其中，也少不了母亲刘氏的熏陶。

刘氏的外祖父是唐代著名乐师雷海青之后，她自幼跟随舅舅学习乐理，颇有所成。柳永时常能听到母亲弹唱喜爱的曲调，也从母亲身上继承了优秀的音乐基因。母亲给了柳永音律方面的启蒙，她不仅教柳永乐理，还教他吹笛。柳永一学便会，久而久之，甚至还能自创乐谱。

多年以后，柳永的侄子柳淇在为柳永撰写的墓志铭中写道："叔父讳永，博学善属文，尤精于音律。"柳永的词作之所以饱受推崇，除了其内容生动、感情饱满之外，同时也在于他的词符合音律。可见，柳永在词作方面的成就，与他自幼所学的乐理密不可分。

长长短短的词句，填充了柳永的生命。那时的他，尚且不懂何谓情深缘浅，也不知何谓命运不公。他只知道，只要捧起那些词句，自己周遭的环境就被某种莫名的情绪渲染出灿烂的色彩，快乐充斥内心，呈现在脸上，便是一抹发自心底的微笑。

即便是为了更好地读懂这些词句，柳永也要认真对待学业，让自己的文学底蕴更深厚一些。远在全州的柳宜一直记挂着儿子们的学业，时常写信来问询。刘氏为三个儿子的优秀而骄傲，还特别在给丈夫的回信中强调，柳永在音律与诗词方面极具天赋。

柳宜却反而因此担心，对科考而言，诗词并非正途，只是文人墨客用来怡情的工具。若柳永沉迷于诗词，纵然世人褒扬他才华横溢，科考场上却不听这样的夸奖，只看士子们在儒家正统学问上的造诣。

为了让柳永专心学业，通过科举走上仕途，柳宜在信中再三叮嘱刘氏，一定要对柳永严加管教。于是，刘氏为三个儿子请来一位学贯古今的先生，可是，纵然先生博学，还是被柳永提出的一个个稀奇古怪的问题难住了。

柳永的问题总是无关儒家典籍，而是古圣先贤背后的趣闻，皆是他想不通的事情。他问得认真，先生却无奈摇头。在先生眼中，这样聪慧的一个孩子，若是不及早收心，很难在科考场上有所作为，实在是有些可惜了。

然而，孩童总是难改跳脱的本性，每当结束了私塾里一天的课业，柳永便迫不及待地投入到诗词的世界里。偶尔，他也跟随家中长辈去山水间游玩，山水与诗词，才是柳永真正想要追求的东西。

光阴追赶着脚步，褪去孩童的稚嫩，染上少年的青涩。宋太宗淳化五年（994年），柳宜在全州任期已满，官阶也从著作佐郎转为太子左赞善大夫。依据朝廷规定，柳宜要返回汴京述职，将相应的文书材料与三司交接完毕之后，再留在汴京等待朝廷对他的委派。

没过多久，柳宜便被委任为扬州通判，这一次，他终于不用忍受与家眷分离之苦，可以将妻儿带在身边去赴任了。

四年前从任城返回崇安时，柳永只与江南匆匆擦肩而过。这一次，一想到全家人可以在那烟雨朦胧之地团聚，尚未出发，柳永便已欢欣雀跃了。

温婉的江南，正是草长莺飞的时节。十一岁的柳永站在父亲身边，已有了几分翩翩少年的模样。江南的山水养人，更滋养心性，就连柳宜闲来无事时都喜欢吟诵几句诗词，更何况本就沉醉于诗词中的柳永，简直将这里的湖光山色、亭台楼榭、市井繁华当作滋养灵感的源泉。

此时此刻，柳永的世界里，还是一片春光明媚。父亲的期望，便是他求学的动力，在学业上，他不敢有丝毫懈怠。

先生总是教导柳永：唯有科举取士，才是正途。身为读书人，必须要多读经史。至于诗词，闲来无事时用来怡情养性便好。可在柳永心目中，科举取士与研习词作是同等重要的事情，他一边跟随先生用心苦读，一边又反复钻研《艺文志》和《乐府杂录》等音乐论著，对乐理及作词的热爱不仅没有减淡，反而加深了几分。

为了不让父亲阻止自己研习词句，柳永更加用心读书。他每日都秉烛用功苦读到深夜。为了表明自己立志功名的决心，他还专门写了一篇《劝学文》：

> 父母养其子而不教，是不爱其子也。虽教而不严，是亦不爱其子也。父母教而不学，是子不爱其身也。虽学而不勤，是亦不爱其身也。是故养子必教，教则必严；严则必勤，勤则必成。学，则庶人之子为公卿；不学，则公卿之子为庶人。

这篇通俗易懂、条理清晰的短文，足以表明柳永用世的积极。他身为公卿之子，自然不甘沦为庶人。他懂得父母对自己的严厉是因为对自己的疼爱，身为子女，他也愿意勤奋向学，这样才能学有所成。

柳永读过宋真宗赵恒所写的《劝学诗》：

> 富家不用买良田，书中自有千钟粟。安居不用架高堂，书中自有黄金屋。出门莫恨无人随，书中车马多如簇。娶妻莫恨无良媒，书中自有颜如玉。男儿欲遂平生志，五经勤向窗前读。

有人说，这是皇帝在强调读书的重要；也有人说，此诗看似劝学，实则满篇铜臭。

无论宋真宗写这首诗的本意如何，从柳永的这篇《劝学文》足以看出年少的柳永已经懂得：并非学问改变命运，而是科举改变命运。想要走上所谓的正途，有时候不得不随波逐流，为了科考而做学问。

柳永坚信，自己有朝一日定能金榜题名。翩翩少年，意气风发，未知的人生，充满太多可能性。没有什么比希望更让人充满力量，更何况他本就天赋超群，人人都说，柳永定能超越他的父亲，成为最让柳氏一族自豪之人。

至道三年（997年）初，柳宜由赞善大夫迁殿中丞，由扬州赴京任职。同年三月，宋太宗赵光义驾崩，宋真宗赵恒即位。五月，柳宜又迁国子博士。为了让家中老母亲得知这一喜讯，柳宜让弟弟携带自己的画像返回故乡崇安，柳永也跟随叔父一同返乡。

那张画像是柳宜任赞善大夫时，特意请僧人神秀为自己画的，他的好友王禹偁还专门在画像上题写了《柳赞善写真赞并序》，其中写道：

> 好君好道，气形于貌。鹤瘦非病，松寒不槁。赤绂荧煌，白须华皓。秀师援毫，写于霜缟。杜口慎微，虚心养浩。寄献高堂，足慰亲老。

这样的溢美之词更让柳永觉得在仕途上有所作为，才是最荣耀的事情。他为自己的父亲骄傲，带着父亲的画像返乡，就仿佛自己也荣归故里一般。

柳永又回到了青山秀水的崇安，自由的脚步带着他在红尘阡陌中徜徉。一日，他来到了福建著名的古刹中峰寺，那是一座古老的禅寺，处于群山怀抱之中，雾竹叠翠，从远处望过来，宛若宝莲盛开。柳永自幼便听过许多与中峰寺有关的传说，据说，中峰寺始建于唐景福元年（892 年），相传当年乡民在山中聚众猎虎，有神僧骑虎而出，于是便请师修建道场。寺旁的大石上，还留有老虎的足迹，人称伏虎坛。

那一天，柳永沿着陡峭崎岖的石径，攀萝附葛爬过高冈，又涉水过溪穿过林莽，来到群山环抱的中峰寺，瞻仰伏虎坛胜迹。他的脑海里浮现着禅师降服猛虎的英姿，不禁感慨万千，便脱口吟诗：

题中峰寺

攀萝蹑石落崔嵬，千万峰中梵室开。
僧向半空为世界，眼看平地起风雷。
猿偷晓果升松去，竹逗清流入槛来。
旬月经游殊不厌，欲归回首更迟回。

再荣耀的仕途，都比不上旅途中的景色。这个道理，直到多年以后，在科考场上一次次铩羽而归的柳永依然没能彻底参透。他似乎从未学会如何与光阴温和相处，那份对仕途的执念，终究没能让他快慰于山水之间的日暖风和。

第二章

风流·忍把韶光轻弃

今夕何夕，见此良人

纷扰红尘，究竟是繁华还是寂寥，身处其中的人，或有不同的感悟。人世苍茫，行走于风烟中，所有的精彩与落寞最终都将化作浮光掠影，不留一丝痕迹。

有时候，柳永也会突然意识到人生终将面对荒芜，每当此时，他便庆幸自己与词结缘，欢喜与忧伤都可以寄托在词句里，苍白的人生便有了绚烂的底色。

一次偶然的机会，柳永读到一阕无名氏填的《眉峰碧》：

> 蹙破眉峰碧。纤手还重执。镇日相看未足时，忍便使、鸳鸯只。
> 薄暮投村驿。风雨愁通夕。窗外芭蕉窗里人，分明叶上心头滴。

这阕词分明描写的是市井之辈羁旅行役之苦，却只字未提旅途的劳顿，只将离别的痛苦写得淋漓尽致。与奔波劳碌之苦相比，离别之苦才更让人难以忍受。词中的主人公就是如此，与家人离别的情景直到多年以后依然令其伤魂动魄。

这阕词让柳永爱不释手，甚至将其题写在墙壁上反复品味。"蹙破眉峰"，定是描写女子离别时的愁苦表情，而看到这个表情的人，一定是一名男子，也就是写词之人。羁旅之中，他回忆与女子分别时的场景，两人"相看未足"，便不得不鸳鸯离分。

或许他们是为了生计而被迫分离，这样的思念总是难免苦涩。尤其身处荒寒凄凉的环境之中，思念更甚。词中表明，他为了赶路，直到傍晚才投宿在荒村驿店之中，一副寒碜的行色，证明他是社会最底层的百姓。风雨之声令他难以入睡，离愁别情困扰了整整一晚，窗外的雨打芭蕉之声，仿佛敲落在心上，令人苦涩伤痛。

有人说，这阕《眉峰碧》的开头两句与柳永的《雨霖铃》有异曲同工之妙，因此猜测，柳永正是因为将这阕词题写在墙壁上反复琢磨，才写出了流传千古的《雨霖铃》。

无论真相是否如此，柳永一定是从《眉峰碧》中感悟到：因为有情感投入其中，才让词句那样美妙。他生来多情，爱与恨、喜与悲都能化成词句。即便世人都说，写诗填词都是消遣，不是正途，但那又如何？柳永的词没有为他换来功名利禄，但却写下了他的人生百味，让他活得有血有肉。

宋真宗咸平元年（998年），十五岁的柳永从崇安返回汴京。当时，柳宜的好友王禹偁重回汴京任职，柳宜时常带三个儿子去拜访王禹偁，希望自己这位才华横溢的好友能对三个孩子多加指点。

京城达官显贵众多，社会名流咸居于此。除了时常拜访王禹偁，柳宜还会带着三个儿子和两个弟弟拜访居住在汴京的名士们。柳宜可谓用心良苦，他不仅希望柳氏子弟能在他们那里学到知识，见到世面，更希望有机会能得到名士们的举荐，为日后出仕做好铺垫。

每年七月，是准备参加科考的举子们最忙的时候。他们一面忙着准备考试，一面还要忙着四处"推销"自己。每当此时，社会名流们总能收到许多举子们送来的得意之作。对于举子们来说，这是难得的机会，若是能够得到某位名士举荐两句，说不定便有一飞冲天的机会。

柳氏子弟守着王禹偁这样的学问大家，可谓近水楼台。一日，柳永跟着两位哥哥和两位叔叔，在柳宜和王禹偁的带领下，来到一位名士家中做客。文人墨客最喜欢在宴席间请歌伎演唱助兴，这并非什么不堪的场景，歌伎与宾客之间大多以礼相待，甚至有些文雅之士还会专门为歌伎准备一层透明的帘幕，将歌伎与宾客区分开来。请歌伎演唱，只是为了烘托宴会的气氛，这是宋朝年间文人墨客之间最流行的消遣方式，甚至可以说，这是一种高雅的消遣。

这次宴席上，柳永欣赏到了他人生中第一场令他心醉的演出。歌伎们在帘幕后面奏乐轻唱、敲击牙板的声音，如同珍珠落入玉盘般清脆，歌喉如同凤凰对唱一般，时而轻快，时而幽怨。在场的宾客皆为这美妙的歌声沉醉，柳永也不例外。他甚至想，若能与这唱歌之人见上一面，那才是真正的愉悦。

回到家中，回想宴席上的那一曲清歌，柳永依然沉醉其中。他的耳畔依然回绕着歌伎曼妙的歌声，这让他情不自禁地以宴会上的场景为题，作词一阕：

凤栖梧

　　帘内清歌帘外宴。虽爱新声，不见如花面。牙板数敲珠一串，梁尘暗落琉璃盏。

　　桐树花深孤凤怨。渐逼遥天，不放行云散。坐上少年听不惯。玉山未倒肠先断。

　　最让柳永遗憾的，就是因为隔着帘子，没有看清歌伎的美貌。可正因未曾看清，才留下无尽的想象空间，更是美妙。《礼记·乐记》在描写歌声时，曾写道"累累乎端如贯珠"，于是，柳永便用"珠一串"来形容歌伎敲击牙板的节奏，让整首词不仅有了节拍感，仿佛音律就回响在耳边。

　　《别录》中写"晨歌动梁尘"，柳永便写"梁尘暗落琉璃盏"，歌声的清脆和穿透力一下子便被渲染了出来。以"琉璃盏"来承接落下的"梁尘"，化虚为实，虽略显夸张，但更令人过目不忘。

　　古人说"凤凰非梧桐不栖"，柳永便将这传说用在词里，更让人对歌声产生诸多联想。柳永笔下的歌声是孤寂、哀婉的，一句"渐逼遥天，不放行云散"，便仿佛将歌声送到读者耳畔，让人感受到那歌声由细到壮、由弱到强不断增大的力度，为歌声赋予了鲜活的生命力。

　　那个因听了歌声而"肠先断"的"坐上少年"就是柳永自己，也正是从这阕词开始，柳永的词有了属于自己的风格。

　　这次宴会之后不久，柳永的两位叔叔柳寘、柳宏参加了这一年的春闱。值得庆贺的是，二人双双榜上有名，柳永为两个叔叔高兴，也暗暗期许自己能在科考场上一举中第，那才是真的欢喜。

两位叔叔在高中进士之后每天忙碌不停，按照宋朝惯例，新科进士们都要参加朝廷的组织的游览御花园和汴京城中几处知名的花园，以让人们瞻仰进士们的风采，也以此激励其他学子，将心思放在苦读圣贤书上，才能像这些进士们一样光耀门楣。

大约一个月之后，新科进士们便要接受朝廷委派，到各处任职了。柳寘和柳宏两兄弟在赴任之前，再三叮嘱柳永三兄弟，一定要好好读书，若是遇到不懂的地方，要多去请教王禹偁先生。

然而，柳永却并没有向王禹偁请教的机会了。宋真宗咸平二年（999 年），朝廷重修《太祖实录》，王禹偁也参与其中。因为"直言史事"，不肯写溢美之词，王禹偁得罪了宰相张齐贤和李沆，再遭谤谗，被贬至黄州（今湖北黄冈）。

王禹偁曾在《三黜赋》中写道："一生几日，八年三黜。"八年之内，竟一连三次遭贬，可以想象王禹偁内心的苦闷。因为王禹偁遭贬，柳氏三兄弟失去了一位良师。但此时，柳永的父母不仅要督促儿子们的学业，还要分出一部分心思来思考他们的婚姻大事。

柳永的长兄柳三复已到了婚娶的年龄，父母已为他订好了一门亲事。订婚之前，母亲派柳永去珠宝店取一对宝石戒指，作为他大哥订婚的聘礼。途中，柳永遇见一位族兄，闲谈一会儿之后，族兄便带着十五岁的柳永来到一处精致的院落。

那处院落门前的牌匾上，写着"品华院"三个大字，柳永立刻明白，这里是一处妓院。族兄为柳永找来一位歌伎，为柳永吹奏一曲。一曲吹罢，柳永却发现那曲中的错漏之处，提醒那位歌伎吹得不对，甚至还亲自拿过笛子演奏了一遍，果然与那歌伎吹得不同，听起来更令人心旷神怡。

族兄知道柳永擅长音律和填词，便提议由他填一曲新词送给那位歌伎，作为见面之礼。柳永没有推托，大大方方填词一阕：

惜春郎

玉肌琼艳新妆饰。好壮观歌席。潘妃宝钏，阿娇金屋，应也消得。

属和新词多俊格。敢共我勍敌。恨少年、枉费疏狂，不早与伊相识。

柳永毫不吝惜对歌伎的溢美之词，一开篇便夸她肌肤白嫩娇美，光洁如玉，又装扮一新。还说只要她出现在酒宴上，便会令人眼前一亮，酒宴也会因她的到来而增色不少。潘妃、宝钏、阿娇，都是用来衬托那歌伎的美丽和高贵的。紧接着，柳永笔锋一转，又盛赞那歌伎不仅容貌美艳，而且颇有才情，竟能与别人诗词相唱和，作品的格调还不俗。

世人皆知柳永素来自负，却能如此不吝词句称赞一名歌伎作诗填词的能力。若不是柳永出于哄这名女子开心为目的，那便是这名歌伎真的有不俗的才情。

最妙的是最后一句，竟是写给邻桌少年的，说他们"枉费疏狂"，只能眼睁睁看着柳永与那歌伎谈笑风生，徒生羡慕之情，谁叫他们不早与那歌伎相识呢？

　　写至此处，柳永又扬扬得意了起来。不过，对于歌伎，他从无半点蔑视，虽然在世人眼中，歌伎地位卑微，但在柳永心目中，她们都是寻常人，没有风尘气，甚至有些歌伎的才华和品格更受人尊敬。

　　只是，父母不允许他时常出入烟花柳巷之中，两个哥哥先后娶妻，也是时候该为柳永张罗婚事了。

　　那是前世修来的一段缘分，经历了许多次回眸，又有无数次擦肩，才终于有了最后的相遇。所有积蓄的美好，都即将从这一刻开始发生。

　　像柳家这样的书香门第、官宦世家的娶妻，自然也要选择门当户对的人家。母亲已为柳永物色了许久，她说，对方是个大家闺秀，蕙质兰心，琴棋书画样样精通，与柳永极其般配。

　　按照习俗，双方人家若是相互满意，便可以交换男女双方的庚帖，也就是生辰八字。若八字相合，双方便要互赠定礼。

　　男方给女方的定礼，大多是罗绢生色或银胜八枚，再拿花红缴檐上，叫作"缴檐红"；女方给男方的定礼，据《东京梦华录》记载："女家以淡水两瓶，活鱼三五个，箸一双，悉送在元酒瓶内，谓之'回鱼箸'。"也就是几条鱼加上一双筷子，预示传宗接代。

　　双方互赠定礼之后，男方便要置办一席酒席，将女方父母邀请过来商议婚事。到这一刻，即将成婚的一对年轻男女便可以正式见面了。宋朝虽讲究"父母之命"和"媒妁之言"，但在定亲时，男女双方是可以见面的。在定亲宴上，柳永终于见到了他未来的新娘。

关于柳永妻子的姓名，史料中并无记载。有人说他的妻子是名妓谢玉英，这显然不匹配柳永的家世；也有人说柳永的妻子叫倩娘，但也没有充足的证据。柳永曾写过一阕《玉女摇仙佩·佳人》，据说是他的哄妻之作，词的头一句"飞琼伴侣，偶别珠宫，未返神仙形缀"，便是他化用神话传说中的仙女许飞琼来比喻妻子，那我们就暂且用"琼娘"来代替柳永妻子的名字吧。

那一年的柳永十八岁，才名早已传遍当地，闺阁中的琼娘也听说过柳永是个俊逸的才子，虽未相见，便已倾心。楚楚动人又颇通文墨的琼娘，也令柳永心动，一段姻缘就这样顺理成章地结成了。

因为男女双方都是官宦人家，这一场婚礼自然隆重异常。前来庆贺的官场同僚、亲戚朋友、街坊邻里挤满了庭院，为婚宴助兴而请来的乐师、歌姬、舞姬让那一天的柳宅几乎成为汴京城最热闹的地方。

在众人的恭贺声中，柳永牵起了那条象征着姻缘的红绸。这是人生中最欢愉的时刻之一，与良人共度春宵，哪还在乎今夕何夕！

功名是一场醉梦

把相伴的岁月，化成最美的流年。一根姻缘的线，牵起两个年华正好的人，才子与佳人的故事，正在缱绻中上演。

柔情似水的新婚之夜刚刚过去，回想这一晚的经历，柳永有些忍俊不禁，一切过程，尽在词中：

斗百花

满搦宫腰纤细，年纪方当笄岁。刚被风流沾惹，与合垂杨双髻。初学严妆，如描似削身材，怯雨羞云情意。举措多娇媚。

争奈心性，未会先怜佳婿。长是夜深，不肯便入鸳被。与解罗裳，盈盈背立银钉，却道你但先睡。

十五六岁的少女琼娘，完全不经人事，便已嫁做人妇。即便对方是她早已心仪之人，她依然无法立刻接受自己的身份已从少女变成人家的妻子。她是那样美艳，也是那样羞怯。纤细的腰肢只有盈盈一握，代表少女身份的发型也刚刚被梳成代表少妇的发髻。出嫁之前，琼娘似乎从未化过这样正式的妆容，宋朝新妇以端庄为美，画"严妆"便是她要学习的第一项任务。

她就那样羞怯地站在柳永面前，如同雕刻出的美好身材令人心动，一举一动皆妩媚多姿。可是，新出嫁的女孩子，还没有学会如何与丈夫相处，便即将与新婚丈夫同床共枕，不胜娇羞。

夜已深了，琼娘还不肯就寝。柳永想帮她解开衣服，她却将身子转过去，背灯而立，满脸羞涩，让柳永自己先去睡。

一句话说得柳永哭笑不得，但就是这样一个涉世未深的女孩子，更惹人怜爱。新婚的甜蜜与喜悦，被柳永用词句勾勒成一幅生动的画卷，虽略显香艳，却不恶俗。尤其是对新婚妻子心理的感悟，更是生动传神，不得不佩服柳永在揣度女子心理时，情感足够细腻。

所谓新婚，并非只有洞房花烛夜而已。过了几日，柳永还要陪妻子回娘家，向岳父、岳母敬酒道谢；之后还要接女方家彩缎、油蜜蒸饼，寓意夫妻二人婚后生活甜蜜；到了婚后第七日，琼娘还要被娘家接回去住一天，叫作"洗头"。如此这般，整整一个月过去，整个婚礼才算是圆满礼成。

新婚燕尔的两个人，正在经历人生中最甜蜜的一段时光，眼里心底，只有对方一人，仿佛便已拥有了全世界。

红尘陌上，一对璧人，他们有说不完的话，也有太多想携手同去的地方。琼娘和柳永一样出身书香门第，他们一同品评诗词，赏鉴书画。那是风花雪月的一段人生，赌书泼茶，如胶似漆。

能够娶到一位情投意合的妻子，算得上人生幸事。柳永和琼娘的甜蜜，渗透在生活的每一个细微之处，若人生永远如此岁月静好，那他们都愿为彼此倾尽温柔。

春雪初融，万物复苏，这是柳永与琼娘婚后的第一个初春。清明时节，正是踏青的时候，柳永也带着琼娘到郊外去凑热闹。二人带着仆人整整在郊外逛了一日，累得筋疲力尽，第二天，琼娘迟迟不肯起床，那睡眼惺忪的样子实在惹人怜爱，也诱发了柳永的灵感，将妻子娇憨可人的模样写进词中：

促拍满路花

香靥融春雪，翠鬓軃秋烟。楚腰纤细正笄年。凤帏夜短，偏爱日高眠。起来贪颠耍，只恁残却黛眉，不整花钿。

有时携手闲坐，偎倚绿窗前。温柔情态尽人怜。画堂春过，悄悄落花天。最是娇痴处，尤殢檀郎，未教拆了秋千。

新婚的妻子，对柳永百般依恋，这样一个楚腰纤细的女子，与自己依偎窗前，怎能让柳永不意乱情迷？她的温柔与美好，比春日里的风更暖，柳永甚至希望以后的日子就这样持续下去，抛却嘈杂喧嚣，两个人就这样默默地陪伴着彼此，哪怕不说一句话，哪怕就对坐在窗边发呆，这样静谧的日子便已经是梦想中的岁月静好。

婚后的甜蜜，让一对小夫妻的感情迅速升温。琼娘依然娇羞，却已不似新婚时那般拘谨，有时也会向柳永撒娇，让柳永帮自己暖被。这般如胶似漆的状态，也被柳永悉数记录在词中：

菊花新

欲掩香帏论缱绻。先敛双蛾愁夜短。催促少年郎，先去睡、鸳衾图暖。

须臾放了残针线。脱罗裳、恣情无限。留取帐前灯，时时待、看伊娇面。

又是一个缠绵悱恻的夜晚，琼娘原本在房中做着针线活，眼看天色将晚，便催促着柳永先去就寝，自己没过一会儿也放下手中的针线，脱去罗裳，掩上香帏，自是一番缱绻。柳永特意在床边留下一盏灯，只为温柔缠绵时，能看清妻子娇羞的面容。

没有距离感，才算是真正的夫妻。此时此刻，柳永与妻子才真正感受到婚后生活的美妙，可惜，这种简单的美好注定是短暂的，柳永不是小女子，不能像琼娘一样满足于小情小爱。身为男子，他有所谓的大志向要去追求。柳永饱读圣贤书，又素来被冠上"才子"的头衔，柳家上下都期盼着他能在科考场上一朝得志，功成名就。

柳永自幼便背负着这样的期盼，他也觉得男子通过科举走上仕途是理所应当的事情，甚至没有不这样做的理由。于是，对功名的追求，成为他一生的枷锁。或许，他有过自由的脚步，但他的灵魂，从来不得自由。

咸平五年（1002 年），柳永在父亲的安排下，前往江南游学。刚刚成婚一年的小夫妻依依不舍，可为了柳永的前程，又不得不面对即将到来的漫长分别。

纵然万般不舍，柳永也不能任由儿女情长将自己困在原地。他有太多离别的话想说，却最终只凝练成简短的词章，送给即将分别的妻子：

鹊桥仙

届征途，携书剑，迢迢匹马东去。惨离怀，嗟少年易分难聚。佳人方恁缱绻，便忍分鸳侣。当媚景，算密意幽欢，尽成轻负。

此际寸肠万绪。惨愁颜、断魂无语。和泪眼、片时几番回顾。伤心脉脉谁诉。但黯然凝伫。暮烟寒雨，望秦楼何处。

一书一剑，匹马单人，踏上征程的那一刻，柳永似乎有了几分李白当年"仰天大笑出门去"的豪情。可这豪情刹那间便被离愁别绪取代了，少年夫妻，分离哪有那么容易？更何况此去暂无归期，再要相聚，将是多年以后。

回想起与妻子缱绻缠绵的日子，柳永更加不舍。当初那些甜蜜的时光，竟都成为离别时放不下的负担。

愁肠百转千回，离愁统统写在脸上。他轻轻拉起妻子的手，眼中有着晶莹的泪。都说男儿有泪不轻弹，可柳永本就心思细腻，一想到此后妻子将在思念中度日，他越发心疼。

太多不舍的话，他说不出口，生怕让妻子更难过。二人泪眼相看了许久，柳永终于还是鼓足勇气出发了。他有属于他的远方，去追求那人人向往的功名。直到多年以后，柳永才终于认清，功名皆是枷锁。可此时此刻，十九岁的少年郎，正意气风发，坚信等待着他的前路，是一片灿烂的风景。

烟月纵横饮流年

流水落花，尽是笔下云烟。人生注定是一场浮沉漂泊，季节的深渊吞噬了花期，凌乱的时光送来了枯黄的秋日。

带着满腔离愁，柳永去闯荡他的远方。那时的他，尚不知道人生如戏，纵然握着一支饱蘸浓墨的笔，他也无法亲自书写属于自己的人生。

他沿着水路，途经钱塘，来到杭州。那是人杰地灵的江南，多少文人墨客沉醉于此。这里的烟雨重楼，皆是柔情缱绻的模样，初来江南，柳永便情不自禁地沉浸在温柔的春花秋月里。

在烟花巷陌，柳永快意着自己的词酒人生。风华正茂的少年，难免放纵不羁。他用迷离的醉眼看桃红柳绿，用柔情万种的词句书写她们看似奢靡实则苍白的灵魂。

诗书暂且被搁置一旁，柳永不顾一切地放纵着自己的青春，沉浸在风月场的欢声笑语里。夜深人静无语时，他也会忽然思念远在汴京的妻子。她的生活远不似柳永此时这样多彩多姿，她只有家中庭院那一方天地，江南对她而言，是到不了的远方，可那个远方却有她最在意的人。

心思细腻的柳永，尝试着去体会妻子心底的煎熬，他忽然觉得万般愧疚，虽然此番离别皆是为了功名，可毕竟还是让妻子带着思念独守空房，他为妻子做不了什么，只能填一阕词，当作写给妻子的第一封信：

倾 杯

金风淡荡，渐秋光老、清宵永。小院新晴天气，轻烟乍敛，皓月当轩练净。对千里寒光，念幽期阻、当残景。早是多愁多病。那堪细把，旧约前欢重省。

最苦碧云信断，仙乡路杳，归雁难倩。每高歌、强遣离怀，奈惨咽、翻成心耿耿。漏残露冷。空赢得、悄悄无言，愁绪终难整。又是立尽，梧桐碎影。

或许只有经历过分离，才知彼此的珍贵。深秋时节，月色清冷，离愁别绪更加翻涌。柳永毫不避讳对妻子的思念之情，将其尽情宣泄在词句里。

秋色渐浓，长夜渐深，柳永独宿在客居的小院里。一阵秋雨刚过，天气刚刚晴好起来，雨后的空气清爽宜人，轻雾也已经渐渐散去，一轮皓月当窗，在房间里洒下如同白绸缎般的银光。

这样的月色，让柳永想起与妻子一同赏月的情景。离家之前，他曾与妻子约定尽快返程，可是约定好的期限，恐怕无法兑现了。多愁多病的柳永，根本不敢仔细回想曾经与妻子在一起时的欢乐，回忆越多，离愁越深。

更让柳永痛苦的是，杭州与汴京相隔甚远，想要以书信传情也很难实现。自从来到杭州，柳永还没有收到过妻子的信，遥远崎岖的路途，阻隔了彼此的音信，就连鸿雁都无法及时替彼此传递佳音。

有许多次，悲伤袭来时，柳永用高歌的方式强行排泄心中的离情，无奈的是，唱出来的声音却是凄惨暗哑的，反而更让内心无法平静，烦躁更甚，心事重重。

夜更深，霜露更重，残漏将尽，怀人的心绪更加凄冷。忧伤无言，愁绪难尽。这是一个不眠之夜，柳永披衣起身，走入庭院，站在梧桐树下，仰望头顶的圆月，眼睁睁地看着明月沉落，清晰地感受着秋风渐冷，零星破碎的梧桐树影，也随着明月一同消逝得无影无踪。

年少的人，总是轻易许下诺言，历经尘世之后，才发觉很多事情不由自主。万水千山阻不断思念，但或许，即便柳永能与妻子朝夕相处，也无法改变纵情风月的本性。

人间是他的游乐场，领略过一处的诗情画意，他便忍不住想去往另一个繁华深处。烟雨江南，让他忍不住想要聆听更多红尘之音，于是他便驻足于此，任由自己在烟花巷陌中半醉半醒。

天寒时节，体弱的柳永生病了。病中多思，他不禁又开始思念远方的妻子，再用一阕词代替书信：

婆罗门令

昨宵里、恁和衣睡。今宵里、又恁和衣睡。小饮归来，初更过、醺醺醉。中夜后、何事还惊起？霜天冷，风细细。触疏窗、闪闪灯摇曳。

空床展转重追想，云雨梦、任敧枕难继。寸心万绪，咫尺千里。好景良天，彼此空有相怜意，未有相怜计。

带病饮酒，饮不了几杯便已有了醉意。回到家中，已是初更刚过，柳永连衣服都懒得脱掉，就那样裹上被子睡去了。昨天晚上，他也是这样和衣而睡的，因为不耐烦这种独自在外的生活，他才出去喝闷酒。又因为生病，不能多饮，一个人喝酒毫无意趣，心底那些借助酒劲才能消除的愁绪，反而统统被激发了出来。

就这样和衣睡到午夜，柳永突然惊醒，却又不知因何而惊醒。天气越发寒冷，窗外寒风细细，吹动了花格窗，透过窗缝吹入室内，扰得烛火摇曳不停。

惊醒之后的柳永，辗转反侧无法成眠。他想要快一点儿睡去，重温刚才的旧梦，可惜再没能入梦。原来，刚刚的梦中，他见到了久别的妻子，与她同床共枕，极尽欢愉。只不过，梦境越美好，梦醒后便越可悲。好梦难续，让柳永越发焦虑，也就越发难以入睡。

对妻子的思念，成了柳永心中无法承受之重。纵然他心中有无限思念，可那个被思念的人却远在万里之遥，怎能令他不惆怅？空有相思，却无法相见，如此良辰，形同虚设。

那个夜晚，记住了柳永的一声叹息。他迟迟未能收到妻子的回信，好在，多情的江南立刻便将他裹挟到温柔乡里。在最喧闹的地方，柳永散播着自己的柔情，也宣泄着自己的才情。

来到杭州一年后，柳永终于收到了妻子的回信。那也是一阕词，似乎是在与柳永的词相呼应。每一句词章，都写满了妻子对柳永深厚的情谊。对于柳永来说，这封回信一字值千金，堪称无价之宝。他一会儿把信展开反复欣赏，一会儿又惆怅冥思。悲与喜在心中交织，不知不觉，柳永泪痕满襟，立刻以词代信，回寄给妻子：

燕归梁

织锦裁篇写意深。字值千金。一回披玩一愁吟。肠成结、泪盈襟。

幽欢已散前期远。无憀赖、是而今。密凭归雁寄芳音。恐冷落、旧时心。

分别的两个人，已经感受不到过去终日厮守的快乐，未来何时才能再重逢，尚且遥远难测。如今，柳永身边的朋友不少，莺莺燕燕也有许多，只是，他真正的情感，并无处寄托，只能拜托南来北往的鸿雁传书，以信传情，只有如此，才不至于冷落了昔日的爱情。

妻子的来信似乎也让柳永意识到自己此行江南最主要的目的，他是来求学的，除此之外，也要尽可能让更多官员赏识自己，为日后参加科考铺路。

咸平六年（1003年）秋，柳永认真填了一阕词，献给时任两浙转运使的孙何，作为自荐之作：

望海潮

东南形胜，三吴都会，钱塘自古繁华。烟柳画桥，风帘翠幕，参差十万人家。云树绕堤沙，怒涛卷霜雪，天堑无涯。市列珠玑，户盈罗绮，竞豪奢。

重湖叠巘清嘉。有三秋桂子，十里荷花。羌管弄晴，菱歌泛夜，嬉嬉钓叟莲娃。千骑拥高牙。乘醉听箫鼓，吟赏烟霞。异日图将好景，归去凤池夸。

据《岁时广记》卷三十一引杨湜《古今词话》记载，柳永与孙何为布衣之交。孙何知杭州时，门禁甚严，柳永也难见孙何一面。于是，柳永便填了这阕《望海潮》词，并带着这阕词去见杭州名妓楚楚，说自己想见孙何，苦无门路，如果楚楚有机会去孙府的宴会献唱，希望她能在孙何面前把《望海潮》唱出来。如果孙何问这是谁填的词，只要说是柳七便好。到了中秋，孙府举办宴会，楚楚果然用最婉转的歌喉把《望海潮》唱了出来，孙何当日便将柳永迎进府中。

不知书中记载的这段逸事是否真实，但柳永的这阕《望海潮》的确是献给孙何的一阕干谒词。

在词中，柳永极力描写了杭州的富庶与美丽，从西湖风光，再到杭州百姓安宁的生活场景，明暗交叉，形容得体，与柳永一贯的词风全然不符，却绝对堪称一首传世佳作。可见，沉溺于风月场中的才子一旦正经起来，才华更是无人能及。

词的一开篇，柳永便将杭州置于重要的位置，这里历史悠久，风景优美，更是三吴的都会，因此，千百年来，杭州素以繁华著称。如烟的柳树、彩绘的桥梁，皆是杭州城中的盛景，就连民宅门前挡风的帘子和翠绿的帐幕，都是这个城市最雅致的点缀。

这是一座人口繁庶的城，错落高低的楼阁里，居住着近十万户人家。集市上的繁荣景象，反映出杭州市民生活的殷实。市场上陈列的珠玑琳琅满目，家家户户都存满绫罗绸缎，争相比着奢华的生活。

杭州的繁华又何止是在市内？就连郊外钱塘江堤上都环绕着高耸入云的树木，远远望去，郁郁苍苍，如同云雾一般。长堤逶迤曲折，澎湃的钱塘潮水卷起霜雪一般的白浪，如同天堑。

最值得一提的，便是杭州的西湖。一座白堤将西湖分割成里湖和外湖，灵隐山、南屏山、惠日峰等山岭重重叠叠，清秀异常。秋日里，山上桂花飘香，夏日里，湖中盛开着十里荷花。这是最能代表杭州西湖的两种花卉，把杭州与西湖不同季节的美展现得恰到好处。

每当天气晴朗，便有人欢快地吹奏羌笛；到了晚上，还有人划着小船，边唱歌边采菱角。人人脸上都洋溢着笑容，无论是钓鱼的老翁还是采莲的姑娘，总是喜笑颜开的模样，这才是真正的国泰民安景象。

成群的马队簇拥着高高的牙旗，簇拥着外出巡查归来的长官。那长官威武而又风流，听着箫鼓管弦，饮酒赏乐，吟诗作词，笑傲于山水之间。没有人不爱杭州的湖光山色，有朝一日，那长官奉诏还朝，也定要向朝中的同僚们好好夸耀一番杭州的美好。

柳永词传 | 51

因为这一阕词，柳永成为了孙何的座上宾，距离他梦想中的仕途，似乎更近了一步。只可惜，有些事情早已注定，美好的开始，并不代表美好的结局。

越清醒，越迷茫

　　一树花开，倾乱了红尘。文字中的相思，便是心底的牵挂，离别的眷恋，黯然卷入诗行。有时候，希望的尽头，只有失望，过尽千帆，蓦然回首，才发现有些分离，并不值得。

　　离开汴京之前，他与妻子的感情出现了小小的裂痕。琼娘有着如花美貌，从成婚的那一日开始，柳永便与她约定要白头偕老。那时的琼娘正是美妙年华，不仅美貌非凡，人也聪明，个性爽朗无拘，处处都让柳永喜爱。只是，琼娘即便嫁做人妇，依然是小女儿心思，有时也会发发小性子，让初为人夫的柳永不知所措，甚至有些厌烦。

　　渐渐地，柳永竟产生了与琼娘分开的想法。小夫妻难免争吵，每当此时，柳永都觉得这段感情难以维系下去，自己也变得对琼娘越发没有耐心。当初柳永决定前往杭州求学，想必也是不耐烦与琼娘的矛盾。可是真正分开之后，每当回想起与琼娘一起度过的欢乐时光，柳永竟有些懊悔自己当初的冲动。

　　他甚至有些庆幸自己没有与琼娘离异，否则，即便两人重修旧好，也仿佛断了的琴弦，再也续接不上；又好像泼在地上的水，再也收不回。

　　琼娘时常会寄书信过来，那一日，琼娘写来的家书中还附带着一张自己的画像。她说，自从与柳永分别之后，一直都是独自一人度过清静的夜晚，寂寞无奈的夜，她只能用思念来消磨时光。她怪柳永"狠心"，两人度过那么多幸福的时光，为何能轻易抛下，独自远行。说是责怪，实际却是娇嗔。她还说，柳永留在家里的衣服还残留着他的气味，就如同柳永留下的恩爱一样。只可惜，随着时间的消逝，这些恩爱与气味也会在不知不觉间消散掉。那般委屈的口吻，让柳永心疼。

　　那幅画像中的琼娘，容颜看上去比昔日憔悴。她生怕柳永不相信自己因为思念而憔悴了容颜，便特意画下来寄给他，希望柳永了解自己的悲思之情。这个小女儿家的举动，如此可爱，却又如此可怜。琼娘说，若问自己究竟有多少愁肠，只能用丁香树上的丁香结来作比喻。丁香结已结满丁香树，琼娘对柳永的思念也早已从心中满溢。

　　妻子哀怨的口吻让柳永心疼，情不自禁把妻子写在信中的内容凝结成词：

西　施

　　自从回步百花桥。便独处清宵。凤衾鸳枕，何事等闲抛。纵有余香，也似郎恩爱，向日夜潜消。

　　恐伊不信芳容改，将憔悴、写霜绡。更凭锦字，字字说情慆。要识愁肠，但看丁香树，渐结尽春梢。

　　柳永每次读过琼娘的来信，都会更加懊恼，回想往事，他也不知道当初究竟哪个地方出错了，才导致如今的分离。

此时，他有些思念妻子那如花一般的容颜，也回想起新婚之时两人之间信誓旦旦的承诺。想到这里，柳永的嘴角不知不觉挂上一抹微笑，他眼前仿佛又浮现出妻子新婚时俊俏又聪明的模样。当时的她，那样活泼，那样可爱，让柳永忍不住对她百般疼爱。有时，柳永也会问自己，是不是自己对妻子过于疼爱，才让妻子越发任性。

柳永希望妻子能理解自己，可爱情一旦有了难以满足的附加条件，两个人就注定越走越远。他们之间的埋怨与争吵，都是以爱为前提，可吵得多了，人也就厌倦了。

八六子

如花貌。当来便约，永结同心偕老。为妙年、俊格聪明，凌厉多方怜爱，何期养成心性近，元来都不相表。渐作分飞计料。

稍觉因情难供，恁殛恼。争克罢同欢笑。已是断弦尤续，覆水难收，常向人前诵谈，空遗时传音耗。漫绘愢。此事何时坏了。

直到一首词写完，柳永还是没有想通，他们夫妻之间到底哪里出了错。

其实，柳永又何尝不想与妻子团聚，凤枕鸾帷的甜蜜夫妻生活了两三年，他们也曾相亲相爱如鱼得水般和谐，也曾共度过良辰美景，给过彼此最深厚的情爱。柳永尽可能地满足妻子所有的心愿，处处依随她。或许正因如此，妻子在柳永面前才任性了一些。分别之后，每当闲来无事，柳永便会思考两人究竟因何难以相处下去，将往事回忆了千万遍，最终只得出一个结论：与妻子分离，他终究还是不忍心。

可是，纵然懊悔，柳永也不敢轻易回到妻子身边。他只怕两人的个性都没有丝毫改变，虽然书信传情尚且甜蜜，若一旦重新共处，日子还是不会像新婚时那般和谐，那就算不上完美。

柳永不能把最真实的想法说给妻子听，只能放在心里，写进词中：

驻马听

凤枕鸾帷。二三载，如鱼似水相知。良天好景，深怜多爱，无非尽意依随。奈何伊。恣性灵、忒煞些儿。无事孜煎，万回千度，怎忍分离。

而今渐行渐远，渐觉虽悔难追。漫寄消寄息，终久奚为。也拟重论缱绻，争奈翻覆思维。纵再会，只恐恩情，难似当时。

好在，短暂的分离，让彼此更加珍惜。如今这对小夫妻只能借书信传情，感情反而比朝夕相处时更亲密，柳永因此也能安心追逐仕途。

景德元年（1004年）春，孙何接到朝廷诏书，即将返回汴京任太常礼院士，执堂三班院。返京之前，他打算再去游览杭州春色，柳永也跟随作陪。

杭州郊外的春景，正是鲜艳悦目的时候。尤其是前一天晚上下了一场春雨，涤尽尘埃。浅色的桃花和深色的杏花带着露水，满眼春色。池塘水面散发着银光，一片静谧。忽然一阵春风吹来，水面漾起波纹，如同卷着的竹席慢慢展开，一层一层推向岸边，又变成鱼鳞般的波纹。

远处的山峰已经被春风吹得翠绿，云雾缭绕在峰顶，如梦如幻。好像隆起的龟背一样的丘陵，由近及远铺陈开来，如同孔雀开屏一般美丽。伴随孙何郊游的乐队吹奏起鼓乐，声音如雷，在云雾间环绕。

美景美乐，让柳永觉得自己仿佛在游览蓬莱仙山般美妙，情不自禁地四处徘徊。许多女眷和文人雅士都簇拥在这次出游的队伍里，大家熙熙攘攘忙碌着下车，在郊外风景最美的地方摆起野餐。

如果不刻意观察，很难发现郊游队伍中那些装扮雍容华贵的女子其实是妓女，置身其中的孙何，也有着东晋谢安的儒雅之风。陪他一同饮酒的那些人，都极擅长饮酒，甚至可以和汉献帝时的孔融相媲美。夹杂在人群中的柳永忽然间感觉索然无味，他懒得应付这样的场合，可为了仕途又不得不暂时忍耐。毕竟像孙何这样高的官职，回到京城之后，也很难有机会再来游览杭州郊外的美景了。

柳永虽然无奈，却又只能小心应酬。他不仅要陪同孙何出游、饮酒，还要把这次出游的盛况用词句记录下来，送给孙何。

玉蝴蝶

渐觉芳郊明媚，夜来膏雨，一洒尘埃。满目浅桃深杏，露染风裁。银塘静、鱼鳞簟展，烟岫翠、龟甲屏开。殷晴雷，云中鼓吹，游遍蓬莱。

徘徊。集旟前后，三千珠履，十二金钗。雅俗熙熙，下车成宴尽春台。好雍容、东山妓女，堪笑傲，北海尊罍。且追陪，凤池归去，那更重来。

孙何返回汴京之后，又嘉升为知制诰，赐金腰带、紫蟒袍。然而，没过多久，孙何便因操劳过度而身染疾病，四十四岁便英年早逝了。

以为只是再寻常不过的分别，谁承想竟成永诀。就好像当年父亲与叔叔一样，说好再见，却天人永隔，后会无期。

孙何去了另一个世界，柳永却还在杭州。因为孙何的死，柳永悲伤了许久，也忽然意识到人生苦短。他只有二十一岁，却似乎已将人生望到了尽头。有限的人生里，既然别离与失去都无法阻止，不如及时行乐。

于是，他将自己沉浸在甜蜜温柔的江南，醉卧花间，饮酒填词。他用词句祭奠着自己放浪不羁的青春，也祭奠着妓女们注定没有结果的爱情：

鹤冲天

闲窗漏永，月冷霜花堕。悄悄下帘幕，残灯火。再三追往事，离魂乱、愁肠锁。无语沉吟坐。好天好景，未省展眉则个。

从前早是多成破。何况经岁月，相抛嚲。假使重相见，还得似、旧时么。悔恨无计那。迢迢良夜。自家只恁摧挫。

这是一名与柳永要好的歌伎讲述的一段故事,也是她那一段既抛不开又提不起的感情经历。她说,这段短暂的感情,几乎消磨掉自己全部的生命,柳永为她的感受震惊,也心疼她身为歌伎的无奈。

自从经历过那段感情,歌伎的每一个夜晚都是在孤寂和压抑中度过的。窗外月冷霜清,明月的清辉照耀着满地凝霜,整个世界都是凄冷的,她的心也是凄冷的。

计时的滴漏在无休止地滴答作响,一盏昏黄的油灯即将油尽灯枯,她轻轻放下窗边的帘幕,心绪无比混乱,愁思怎么也化解不开。月冷清辉,想来也算得上"好天好景",可她却愁眉不展,愁肠百结。

那歌伎对柳永说,这段感情最初开始的时候,就已经注定了不会有什么好结果。他们经历了许多次争吵和许多次和好,不知不觉间消磨了感情。更何况,如今又经历了长久的别离,或许他再也不会回来了,即便彼此心中有情,也无法沟通,这段感情的结局可想而知。

虽然她知道这份感情根本无法由自己掌握,却还是心存一点儿幻想。她小心翼翼地问柳永:"如果我和他还能重相见,感情还能回到当初吗?"那怯生生的提问,仿佛自言自语一般,让柳永心碎。

歌伎虽然留恋,虽然追悔,却也无可奈何,只能在漫长的夜晚自己折磨自己,无法解脱。

欢喜背后,总有落寞。每一个风月场中的女子,都不得不习惯这般无奈的人生。柳永自己又何尝不是无奈的？他多想永远留在烟雨江南，从此不问来去。可惜，烟花柳巷之中，没有所谓的功成名就，他不得不去追逐世人眼中的前程。在套上名利的枷锁之前，他还想再尽情放纵一番，告别风景如画的杭州，去往精致优雅的苏州，在那里尽情沉醉，暂时忘记前路。

第三章

狂放·把浮名换了浅斟低唱

烟花巷陌亦是真情

走进苏州，便如同走进了一幅意境深远的山水画卷。这里的水榭亭台、曲径回廊，就像这里的吴侬软语一样，细腻地熨帖着每个人心中最柔软的地方。

吴邦越国，是柳永身心向往之地。只不过，去往苏州，便意味着要与杭州的佳人们分别了。多少次，柳永醉卧秦楼，将长夜当成永昼，带着几分迷醉、几分清醒，恣意寻欢。如今一别，佳人们的深情便都辜负了。

可柳永本就属于红尘，烟街柳巷里，他能找到真正的快意。有时候，迷惘地活着反而比清醒更快乐。越是认真地对待人生，一颗心反而越发荒凉。

引驾行

虹收残雨。蝉嘶败柳长堤暮。背都门、动消黯，西风片帆轻举。愁睹。泛画鹢翩翩，灵鼍隐隐下前浦。忍回首、佳人渐远，想高城、隔烟树。

几许。秦楼永昼，谢阁连宵奇遇。算赠笑千金，酬歌百琲，尽成轻负。南顾。念吴邦越国，风烟萧索在何处。独自个、千山万水，指天涯去。

乘着西风，柳永一叶轻舟来到苏州。他的人生本就是一段旅程，走想走的路，看想看的风景。烛火下的苏州，有最迷离的缠绵。柳永是不折不扣的才子，无论走到何处，都必定有佳人相伴。

小街斜巷里，他醉卧花间，围绕在身边的，都是秦楼楚馆中艳压群芳的女子。她们朱唇轻启，莲步轻移，歌喉舞技皆是奇绝。她们扭动柔软的腰肢，舞出最旖旎的风情。其中，有位柳永仰慕已久的歌伎。他早就听说过这位歌伎的大名，只是迟迟未能得见。纵情花间的柳永，也算见过千花万柳，却都比不上这位大名鼎鼎的歌伎。

两人尚未有何亲密举动，柳永便已经对她暗暗许下真心。亲密过后，更是浓情蜜意，分也分不开。她是美人，他是才子，这样的一对璧人，理所应当相知相许。

温柔缱绻中，柳永为她写词：

玉蝴蝶

是处小街斜巷，烂游花馆，连醉瑶卮。选得芳容端丽，冠绝吴姬。绛唇轻、笑歌尽雅，莲步稳、举措皆奇。出屏帏。倚风情态，约素腰肢。

当时。绮罗丛里，知名虽久，识面何迟。见了千花万柳，比并不如伊。未同欢、寸心暗许，欲话别、纤手重携。结前期。美人才子，合是相知。

对于柳永而言，佳人是最美的风景。能让他脚步流连的，皆是世间最美好的红颜。他爱她们的倾城一笑，爱她们酒后红嫩的脸庞，也爱她们清丽的歌喉。千娇百媚，是女子最撩人的风情。柳永对她们付出真情，她们对柳永也付出真心。

在妓女心中，柳永与那些富商豪绅、达官显贵全然不同。那些有钱有势的人，不过只将她们当作取乐的玩物，柳永却把她们当作活生生的人，毫无蔑视，处处尊重。就像《红楼梦》中的宝玉，带着欣赏的目光，珍视着世间女子。无论她们从事的是何种营生，在柳永心中，她们都如水般纯净。

每一场相遇，都显得那样姗姗来迟，每一段情，都美好得恰到好处。因为她们的存在，苏州的夜晚如此温柔多情。当夜幕消逝，阳光下的苏州又是一番别样的风情。

四月的苏州，正是初夏时节，春景开始衰败，却丝毫不影响苏州的美丽。薄雾宛若轻烟，飘荡在水面上，翠绿的树叶密集成荫，仿佛布帛织成的帐幕围绕着人间。

一场初夏的雨后，苏州景色越发清明，天边的云不断地变换着形状，依偎在天空的怀抱里，怎么都不肯离开。雨水将池塘涤荡得清澈明净，清风徐来，荡起层层波浪，闪烁着温暖耀眼的波光。新生的浮萍弥漫在水面上，引来鱼儿欢快地跳跃。此时的柳永，有大把空闲时间，怎肯错过这般清新的美景？

正值铄石流金、天高昼永的酷热天气，柳永却突然来了以文会友的兴致。他与几位志同道合的友人来到湖边一处台榭，这里微风徐徐，轻轻摇动着草木，使其散发出兰蕙的芬芳。他们的眼前是一片波光粼粼，这更让柳永兴致勃勃。这是一场高雅的聚会，聚会的场所在一处清静悠闲的客馆，能避开暑热的熏蒸。酒宴之上，众人吟诗、观舞取乐，热闹异常。在友人面前，柳永无须遮掩本心，可以做最真实的自己，这样的聚会才能让柳永真正地身心自在。

赏过了苏州情致，柳永再次启程，前去领略扬州的风韵与故事。

李白说"烟花三月下扬州"；杜牧说"二十四桥明月夜，玉人何处教吹箫"。柳永错过了扬州的三月，却比旁人更好地感受到扬州的妩媚多姿。

扬州的每一个角落，都被诗情画意浸染着。无论是阳光普照还是烟雨迷离，它都是一副怡然自得的模样，让多少人在梦里对它心驰神往。

柳永此行是追随着前朝诗人的脚步而来，这里的山水让他迷醉，这里豆蔻年华的蹁跹佳人更让他流连。才子与佳人临窗对饮，本就是扬州城内最别致的风景。这里的风月繁华，也给了柳永一段风流浪荡的人生。

对青楼女子，柳永总能付出一腔真情。在她们心目中，柳永是恩客，更是知己，多少不能为外人道来的心事，都可以对柳永倾诉。

一名歌伎告诉柳永，她有一个心上人，和柳永一样，是个读书人，也有自己想要追求的功名。自他走后，便一直杳无音信。春风已经吹遍了扬州城，可歌伎眼中的花红柳绿都蒙着一层愁苦的色彩，每一件事情都让她心烦意乱。

思念变成了心头的包袱，压得她整个人都懒洋洋的，一颗芳心已无处安放，虽然窗外的太阳已经升到花树梢头，黄莺在柳条间鸣啼穿梭，她还是不愿起床，反而用锦被把自己裹得更紧。

相思之情令歌伎整日里茶饭不思，她的腰身因此而消瘦，容颜也因此而憔悴。女为悦己者容，她的"悦己者"不在身边，便也没有了打扮的心思。一头长发散乱地垂着，也懒得去涂脂抹粉。有时候，思念之情太盛，反而演变成些许恨意。她恨那远方的情郎如此薄情，一去之后，竟然连书信都没有写来一封。

那歌伎的性格本是泼辣爽快的，却被一段明知没有结果的爱情弄得纠结苦闷。她说，早知如此，后悔当初没有把情郎的宝马锁起来，让他无法出行。就把他留在书房里，两人在窗明几净的书房里对坐，只让他与彩笺和毛笔为伍，整日里吟诗做功课就好。只有这样，两个人才能日日相随，再不分开。

人人都有对美好生活的向往，歌伎也不例外，她多想告别这样迎来送往的生活，每日手拿针线，与心上人相依相偎，快快活活地长相厮守。只有这样，才不算虚度了青春年少的光阴。

可惜，现实总是冷酷无情。她就像每一个被情郎抛弃的青楼女子一样，只能在无边的苦海中煎熬着青春。

原来，对有些人来说，过普通人的生活也是一种奢望。歌伎对情郎的思念与怨恨，让她痛苦而又矛盾。柳永怜惜她的不幸，将她的遭遇写进词中，让她吟唱自己的相思，也算是对苦闷的一种宣泄：

定风波

自春来、惨绿愁红，芳心是事可可。日上花梢，莺穿柳带，犹压香衾卧。暖酥消，腻云亸，终日厌厌倦梳裹。无那！恨薄清一去，音书无个。

早知恁么，悔当初、不把雕鞍锁。向鸡窗，只与蛮笺象管，拘束教吟课。镇相随，莫抛躲。针线闲拈伴伊坐。和我，免使年少，光阴虚过。

江南是一场醉梦，花前月下总是缠绵。因为情真，柳永每到一处总能揽获红颜知己无数。哪怕身在扬州，也有汴京的红颜知己写来书信。

青楼女子哪有真名，第一次相见时，她让柳永叫她"瑶卿"。她是一位美丽的女子，能诗能文，满腹才情，还写得一手端庄秀丽的字。这样的女子应该是出身于书香门第，不知因何遭遇堕入青楼，她也从未对柳永说起过，或许那些过往，都是她的伤心事吧。

被瑶卿埋藏在心底的这一点秘密，并未影响她与柳永的知己之交。寄来的信封里装着一封长信，还附带着她自己写的一首小诗。看着那秀丽劲道的书法，柳永便能想象出瑶卿写信时的样子：她一定是坐在红红的小轩窗边，挥动着翠管写下娟秀的文字。柳永的眼前仿佛已经浮现出瑶卿专注雅静的神情，她不似寻常青楼女子，而是有一种文静和聪慧之美。她的字总是写得恰到好处、姿态优美。

这封来自千里之外的书信让柳永异常珍视。他将信和诗装进犀轴，收进锦囊，藏进怀中。只要想念瑶卿，他便会将书信拿出来，只要看见她的字，就仿佛看到她千娇百媚的容颜。

醉卧花间的柳永，偶然回神，已是中秋月圆之时。月虽圆，人却不团圆，柳永在江南的每一天都在享受多姿多彩的生活，可在家中的妻子却只能在寂寞中独守空闺。柳永有些心疼妻子，眼前也浮现出妻子独站高楼之上，凭窗眺望圆月的孤寂身影：

一轮圆月刚刚升起，银色的月光驱散了薄雾，照得夜色也明亮了起来。每年中秋，家里都会置办家宴，取个团圆的好彩头。今年中秋，家宴上又不见柳永，孤单的妻子也只能独自喝着闷酒，以解相思。

时间慢慢地过去，琼娘也已饮至微醺。月缺月圆，就好像人生的聚散离合，月亮越圆，琼娘就越觉得孤单。

站在高楼上的琼娘，痴痴地遥望柳永所在的远方。独倚危楼，冷月当空，令人身心俱冷，心绪也无法平静下来。她回忆着与柳永共度的时光，恩爱与怨怼反复在心底交织盘桓。她就这样站了很久很久，终究也没能想明白，为何最初的甜蜜过后，两人便陷入无休止的矛盾。

其实琼娘知道，以自己的美貌，可以找到比柳永更好的伴侣。可或许是缘分天定，她偏偏对柳永一往情深，任凭自己在思念中日渐消瘦下去，也要忍受漫长的孤独。

分别之时，柳永说很快就会回来。琼娘也知道，即便是两人时常拌嘴，但感情和牵挂还在。于是，她在心中暗暗约定了一年的期限，这一年里，她任由相思煎熬，以至于窗外的春色都不敢偷看一眼，因为娇艳的春花和嫩绿的杨柳都会触动相思，让一个人苦熬的日子更加难过。

琼娘曾在信中告诉柳永，自从他离开，自己就再也没有舒展过双眉，良辰美景也白白辜负了。她希望柳永能早些回来，两人重新找回最初的恩爱。

琼娘的思念，也让柳永开始计划归期。其实，他们一直是彼此思念的，否则，柳永也不会那样满怀深情，为妻子写词：

倾杯乐

皓月初圆，暮云飘散，分明夜色如晴昼。渐消尽、醺醺残酒。危阁迥、凉生襟袖。追旧事、一晌凭栏久。如何媚容艳态，抵死孤欢偶。朝思暮想，自家空恁添清瘦。

算到头、谁与伸剖。向道我别来，为伊牵系，度岁经年，偷眼觑、也不忍觑花柳。可惜恁、好景良宵，未曾略展双眉暂开口。问甚时与你，深怜痛惜还依旧。

明媚的山水，只能暂且留在身后，在远方等待着他的，不只有妻子，还有即将开始的科考，那意味着他即将踌躇满志地开始追求美好的前程。

漫长的凌云志

从江南这场醉梦中苏醒，柳永有一万个不情愿。江南的美，已刻进他的骨子里，那小桥流水，巷陌人家，如诗如画的良辰美景，此后都只能化作脑海深处的回忆。

临行之前，柳永为扬州写词，算作留给扬州的临别赠言：

临江仙

鸣珂碎撼都门晓，旌幢拥下天人。马摇金辔破香尘。壶浆盈路，欢动一城春。

扬州曾是追游地，酒台花径仍存。凤箫依旧月中闻。荆王魂梦，应认岭头云。

江南烟雨的温柔，黏住了思念。此番相逢，算不上匆匆，却百般留恋。走过的路，遇见的人，看过的风景，都成过往云烟。柳永似乎还有许多话想说给小桥流水、石桥木屋，可除了这阕词，又说不出一字一句。

他在江南找到了心灵的港湾，一身的风尘都在此处被涤荡得纤尘不染，漂泊的灵魂只要安放在这里，便如水般沉静。

身处江南的繁华里，却仿佛摒弃了一切欲望，所有的心事都锁在江南的天光云影里，灵魂如落花一般轻盈，如流水一般自由。

对于江南，柳永虽留恋，却不执着。他知道，远方的汴京城，有更重要的人与事在等待着他。算算日子，此番离开京城已有近五年光景，不知家中的妻子是否改变了容颜，不知这次重逢，他们能否不再争吵。

想到此处，柳永打算写一首词哄一哄妻子，他将词装进信封寄回汴京，信比人先到，至少能让妻子的心情愉悦一些，久别重逢的气氛也能更温馨一些：

玉女摇仙佩·佳人

飞琼伴侣，偶别珠宫，未返神仙行缀。取次梳妆，寻常言语，有得几多姝丽。拟把名花比。恐旁人笑我，谈何容易。细思算、奇葩艳卉，惟是深红浅白而已。争如这多情，占得人间，千娇百媚。

须信画堂绣阁，皓月清风，忍把光阴轻弃。自古及今，佳人才子，少得当年双美。且恁相偎倚。未消得、怜我多才多艺。愿妳妳、兰心蕙性，枕前言下，表余深意。为盟誓。今生断不孤鸳被。

神话传说之中，许飞琼是西王母的侍女。她美艳绝伦，曾与女伴偷游人间，在汉泉台下遇到书生郑交甫，一见倾心，便将胸前佩戴的明珠摘下，赠予郑交甫，以表爱意。

柳永一开篇便将妻子比作仙女许飞琼，说她偶然离开天宫，没有返回神仙之列，分明就是在竭尽全力哄妻子开心。柳永哄女孩子的功力实在了得，寥寥数语，便将妻子的容貌夸赞得天上少有、地上无双。他说妻子天生丽质，即便随意装扮，也能让身边的女子黯然失色，无心争艳。

他还说自己想把妻子比作名花，可是世人都喜欢用名花比喻美女，只怕落了俗套，让他人笑话自己。柳永说，奇花异草对于自己而言，只不过是红得浓重或白得浅淡而已，哪里能比得上妻子的千万种娇媚风情，集世间各种美丽于一身？

如此夸张的一番称赞，分明就是想方设法让妻子忘记他离家之前两人之间的所有不愉快。若世间男子皆像柳永这样，能放低姿态哄佳人一笑，想必也就少了许多以分离收场的怨侣了吧。

词的下半阕，柳永把妻子哄得更加露骨。他说，在华丽的堂舍、美人的绣阁之中，若有妻子这样的佳人在明月清风中相伴，怎能忍心把美好的时光轻易抛弃？从古至今，佳人与才子在盛壮之年能够相遇、相知、亲热地相依偎，是多么难能可贵的事情。不得不说，柳永还有小小的"心机"，既称赞妻子是佳人，也不忘夸自己是才子。

才子佳人，本就是绝配。柳永知道自己从前有许多不足之处，于是特意请求妻子，看在他多才多艺的分儿上，就统统原谅了吧。为了哄妻子开心，他不惜使用"愿妳妳、兰心蕙性"这样的俚语，还要向妻子承诺，同床共枕之时，再好好表达自己对妻子深深的爱意。作为盟誓，柳永向妻子保证，今生今世，再不让她独守空房，孤枕难眠。

一叶轻舟载着一颗归心，终于赶在年终岁尾之时驶入汴京。在江南的经历，都成了回忆里的故事，柳永坚信，在帝都京城，自己终将经历一番更精彩的人生。

繁华的汴京，正以歌舞升平的景象迎接着柳永这位远行归来的游子。此时的宋朝正是繁华极盛的岁月，汴京城因长久的太平而物阜民丰，百姓脸上都洋溢着安乐而满足的神情。

北方冬天硬朗的景致不同于江南烟雨的婉约，从汴京走出去的柳永，反而觉得这座城市不如江南更让他熟悉。走在汴京城的主街上，举目皆是青楼画阁、珠帘绣户，雕车、宝马竞相在路上飞驰，阵阵乐声与欢笑声从柳陌花街、茶坊酒肆飘出。

新年将至，汴京城的每一个角落都是热闹的，就连向来庄严肃穆的皇宫大内也有一场按捺不住的热闹即将发生：

早在景德元年（1004 年）秋，辽承天太后萧绰、辽圣宗耶律隆绪亲自率领二十万大军南下，直逼黄河岸边的澶州（今河南濮阳）城下，威胁北宋都城汴梁。同年十一月二十日（1005 年 1 月 3 日），宋真宗赵恒从开封出发，御驾亲征。当月，宋军在澶州前线以伏弩射杀辽南京统军使萧挞凛，辽军士气大挫。萧太后见辽军陷入被动，主动向北宋请求议和。

同年十二月（1005 年 1 月），北宋与辽订立和约：辽宋结为兄弟之国，宋每年送给辽岁币银十万两、绢二十万匹，宋辽以白沟河为边界。因澶州在宋朝亦称澶渊郡，因此辽宋和约也被称作"澶渊之盟"。

"澶渊之盟"签订以后，宋真宗认为这是一桩值得自豪的功业，十分得意。不料大臣王钦若却说，"澶渊之盟"是极其屈辱的盟约。虽然王钦若的本意是想贬低寇准，却让爱慕虚荣的宋真宗因此不快。

善于察言观色的王钦若为了逢迎皇帝，建议宋真宗举行封禅大礼。景德五年（1008年）正月初三，群臣早朝完毕，有司突然来报，称有"黄帛曳左承天门南鸱尾上"，宋真宗立刻召群臣拜迎于朝元殿启封，号称"天书"。

为了证明"天书"真的是从天而降的，宋真宗还特意精心编造了一个故事。他说自己半夜刚要入睡，忽然寝殿内满堂皆亮，一位星冠绛袍的神人忽然出现，对他说："一月三日，应在正殿建黄箓道场，到时会降天书《大中祥符》三篇，勿泄天机！"不等宋真宗答话，神人便消失不见了。宋真宗还说，从十二月一日开始，自己便蔬食斋戒，在朝元殿建道场，足足恭敬等待了一个月，终于盼来了"天书"。

那所谓的"天书"降临之时，宋真宗率百官步行到承天门，诚惶诚恐地将其迎奉到道场，当众打开封口。那帛布上写着"封受命。兴于宋，付于慎，居其器，守于正，世七百，九九定"。除此之外，还有三幅黄色字条，大致意思是说宋真宗赵恒以孝道承统，务以清净简俭，必致世祚长久。

这些"从天而降"的物件儿，被宋真宗郑重放入事先准备好的金柜中，又派官员祭告天地、宗庙和社稷，又在崇政殿设斋宴，接受百官朝贺。为了扩大影响，宋真宗又连下几道诏令：大赦、改元……一时间，举国上下掀起一股"争言祥瑞"的热潮。

刚刚回京的柳永，刚好赶上这一场盛事。为表庆贺，他

一口气填词五阕:

巫山一段云(五首)

其一

六六真游洞,三三物外天。九班麟稳破非烟。何处按云轩?

昨夜麻姑陪宴。又话蓬莱清浅。几回山脚弄云涛。仿佛见今鳌。

其二

琪树罗三殿,金龙抱九关。上清真籍总群仙。朝拜五云间。

昨夜紫微诏下。急唤天书使者。令赍瑶检降彤霞。重到汉皇家。

其三

清旦朝金母,斜阳醉玉龟。天风摇曳六铢衣。鹤背觉孤危。

贪看海蟾狂戏。不道九关齐闭。相将何处寄良宵。还去访三茅。

其四

阆苑年华永,嬉游别是情。人间三度见河清。一番碧桃成。

金母忍将轻摘。留宴鳌峰真客。红猺闲卧吠斜阳。方朔敢偷尝。

其五

萧氏贤夫妇,茅家好弟兄。羽轮飙驾赴层城。高会尽仙卿。

一曲云谣为寿。倒尽金壶碧酒。醺酣争撼白榆花。
踏碎九光霞。

柳永将写好的五阕词献给皇宫，作为宫观斋醮宴集时所
演奏的道曲的曲词。他用词句歌咏仙境、仙人、仙游、仙踪，
想象奇诡，又颇有气势。

想要步入仕途，就不得不学会随波逐流。柳永虽对此次
"天书事件"抱有鄙夷的态度，却又不得不奉上对宋真宗的阿
谀之词。

但无论如何，柳永的确感叹自己有幸生于太平盛世，用
仙家自由自在、无拘无束的生活，来表达对太平盛世的颂赞，
足可见他的独具匠心。

用词句歌颂太平的柳永，正尝试着以这种方式让自己的
才名被当朝权贵熟知。他希冀着，在下一年的科考场上，自
己可以"魁甲登高第"，却并未想到，这一场科考，对于他漫
长而又艰辛的求仕之路来说，仅仅是个开始。

名利皆是缰锁

生为凡人，总摆脱不了世俗的洗礼。禁锢在名利的囚笼里，便永远也得不到真正的自由。有时候，就连柳永自己也说不清，对仕途的追求，究竟是自己的梦想，还是不得不完成的使命。

一场"天书事件"，将整个京城闹得沸沸扬扬，这一年的元宵佳节也因此而显得格外热闹。柳永虽对所谓的"天书"嗤之以鼻，但太平盛世的繁华景象还是值得歌颂的：

迎新春

嶰管变青律，帝里阳和新布。晴景回轻煦。庆嘉节、当三五。列华灯、千门万户。遍九陌、罗绮香风微度。十里然绛树。鳌山耸，喧天箫鼓。

渐天如水，素月当午。香径里、绝缨掷果无数。更阑烛影花阴下，少年人、往往奇遇。太平时、朝野多欢民康阜。随分良聚。堪对此景，争忍独醒归去。

冬去春来，汴京城内处处充满新春和暖之气。元宵节那一日，刚好有晴朗的日光普照，节日里的气候因此更加宜人。为了庆祝元宵节，千家万户张灯结彩，欢度佳节的赏灯人群遍布街头巷尾，尤其是女子们，为了出门皆刻意装扮一番，她们身上的熏香让街上的风吹过来都带着淡淡的清香。

十里花灯悬挂得错落有致，如同发光的珊瑚闪闪夺目。按照宋朝习俗，每年元宵佳节，街上都会用花灯堆成巨大的鳌山，笙箫锣鼓被演奏得震天响，整个世界都为庆祝这美好的佳节而喧闹着。

走在街上的柳永，庆幸自己生正逢时。这样一番太平盛世，若没有一番作为，岂不是辜负了？

可是，他毕竟是柳永，是那个骨子里刻着"情"字的多情人。如此良辰美景，他不愿想太多与科考和仕途相关的事情，反而是那些在竹阴花影下谈情说爱的少年少女更让他欢心。

素月当空，水天一色，花前月下，正是无数艳遇正在发生的时候。少年人总有风流韵事，更何况赶上这太平盛景，无论是朝廷还是百姓，都富足、愉悦。在这样美好的时候，柳永的确有些乐而忘返了。

元宵节这一日，京城取消了宵禁，直到深夜，街上还满是熙熙攘攘的行人。灯红酒绿的街上，青楼妓院随处可见，妓女们也不甘寂寞，成群结队走到街上赏灯、拉客，负责京城巡查的金吾卫唯有在这一天，对妓女们的行为仿佛视而不见，任由她们挽着豪门贵族的恩客走回闺房。

天生便属于陌上红尘之中的柳永，自然也不肯错过这样的热闹。回到汴京以来，柳永依然割舍不掉江南那段依红偎绿的生活。只不过，因为父亲严厉的管束，柳永不敢再像从前那样放浪形骸，而是将大部分心思投入诗书之中。

可是这样一个月色撩人的节日夜晚，让柳永难免动情。他又走进了那个可以任意买醉遣情的地方，在温存之中享受人活于世的美妙滋味。

他在这里结识了英英，也为英英付出了几许真情。英英善舞，柳永对她既欣赏又怜惜。他为她填词，写她的风尘悲喜，愿与她诗酒往来。

为了答谢柳永的深情，英英特意为柳永编了一段精彩的舞蹈。不料，在练舞过程中，英英因为心急扭伤了腰，因为担心不能让柳永看到自己曼妙的舞姿，英英又急又恼，垂泪不止。柳永得知以后深受感动，忙去探望。为了安慰英英，柳永特地在她房中为她写下一阕词：

柳腰轻

英英妙舞腰肢软。章台柳、昭阳燕。锦衣冠盖，绮堂筵会，是处千金争选。顾香砌、丝管初调，倚轻风、佩环微颤。

乍入霓裳促遍。逞盈盈、渐催檀板。慢垂霞袖，急趋莲步，进退奇容千变。算何止、倾国倾城，暂回眸、万人断肠。

柳永曾见过英英跳《霓裳》舞，她一舞倾城，腰肢柔软得仿佛章台街的柳枝，堪比昭阳宫赵飞燕之轻柔。多少王孙贵族为观英英一舞，都愿意一掷千金。柳永还记得那日英英跳《霓裳》舞时，音乐一响，她便翩然起舞，身姿好似弱柳扶风，身上的环佩也随着舞姿而轻微颤动。

当乐声响至最急促的段落时，英英的身段越发柔媚轻盈。她的舞步紧随着檀板之声，一会儿慢舒广袖，一会儿急动莲步，裙裾旋转，进退之间，舞姿千变万化，仪态万方，表情妩媚多姿，容貌倾国倾城。

突然之间，乐声戛然而止，英英的舞姿随之定格。一曲舞罢，英英回眸一笑，那一刹那，足以令万人为之销魂蚀魄。

英英的舞蹈总让人百看不厌，意犹未尽。柳永发自内心地赞叹，终于用一阕词哄得受伤的英英重绽笑颜。

只不过，并非每一个青楼女子都深情款款，柳永的一腔真情也有被辜负的时候。

在江南时，柳永曾爱上一位官妓。她的粉面上有一对深深的酒窝，笑起来妩媚动人，天生一派高雅的气质。自从相识，柳永便对她格外珍视，对她百般呵护，想要走入她的芳心。柳永离开江南之前，特意与那官妓约定，来日定要重聚，到那时，他们便可以像一对恋人那样互许平生。

分别之后，柳永时刻惦念着那名官妓，生怕恩情破碎容易，成全却艰难，因此一想到她，总是思绪万千。回京之后，柳永时常给她写信，起初，两人书信往来还比较频繁，渐渐地，她写给柳永的回信只剩下寒暄，再也没有那些绵绵关切的语言。患得患失的柳永渐渐意识到，她或许已经爱上了别人，辜负了他们曾经许下的誓言。

终于，柳永从别人口中听说，那官妓果然芳心另许。柳永伤心至极，却又无可奈何，只能以词当信，托人寄与官妓：

击梧桐

香靥深深，姿姿媚媚，雅格奇容天与。自识伊来，
便好看承，会得妖娆心素。临歧再约同欢，定时都把、
平生相许。又恐恩情，易破难成，未免千般思虑。

近日书来，寒暄而已，苦没切切言语。便认得、听
人教当，拟把前言轻负。见说兰台宋玉，多才多艺善辞
赋。试与问、朝朝暮暮，行云何处去？

聚散如云烟，人只要活着，便一切都要经历。与每一个
深爱的女子，柳永都曾经历一段神仙眷侣般的日子，这样的
感情，纵然缥缈，却也美好，也难怪柳永愿意为之暂时放弃
仕途。

据说，早在景德二年（1005年），柳永便应返京参加科
举。只是，沉迷于风月之中的他错过了。那时，他年少轻狂，
为博佳人一笑，甘愿放弃功名。如今，重返京城的他，纵然
万般不愿，也不得不试着成长。科举之路，他不得不走；博
取功名，也是他不得不完成的使命；为了获得君王的关注，
他也不得不降低身段，写词歌颂大宋王朝的太平盛世，歌舞
升平：

木兰花慢

拆桐花烂漫，乍疏雨、洗清明。正艳杏烧林，缃桃
绣野，芳景如屏。倾城，尽寻胜去，骤雕鞍绀幰出郊
坰。风暖繁弦翠管，万家竞奏新声。

盈盈。斗草踏青。人艳冶，递逢迎。向路旁往往，

遗簪堕珥，珠翠纵横。欢情。对佳丽地，信金罍罄竭玉
山倾。拚却明朝永日，画堂一枕春醒。

　　那是清明时节的汴京，桐花开得绚丽烂漫，郊外春景被
一阵疏雨清洗得一片晴明。艳丽的红杏如同燃烧的火焰，郊
野风光被浅红色的缃桃花装点得好似画屏一般美丽。城中百
姓倾城而出，纷纷驾驶车马前往郊外踏青、赏景，暖风送来
清脆的管弦乐声，渲染着节日的气氛。

　　少女的曼妙身姿，永远是美景中最好的点缀。少女们在
郊外采花斗草，欢快天真。城中的妓女们也纷纷伴随王孙贵
族出游，她们递身迎合，不停地招呼恩客，为郊外春景增添
了趣味与色彩。

　　能有闲情逸致出游的，皆是富贵人家，郊外路边随处可
见富家女子遗落的簪子和耳环。她们并不在意这些东西，只
在乎尽情欢乐。柳永目之所及，皆是盛装出行的美女，她们
在郊外摆上美食、美酒，纵情畅饮，看那架势，哪怕明日醉
卧画堂，今日也要一醉方休。

　　这样歌颂太平盛景的词，柳永写了许多，皆是为了求仕
铺路。与他年龄相仿的氏族子弟，许多已经中举，这让柳永
有些着急。下一次科考，就在明年，他暗下决心，明年科考
放榜之时，就是他鱼跃龙门之日。

非走不可的路

　　大千世界，红尘漫歌，欢乐与悲伤，爱情与梦想，填充了整个人生。风花雪月，红尘喧嚣，岁月里的行人，都是红尘中的过客。没有人能拥有一帆风顺的人生，经历跌宕起伏、艰辛困苦之后，有的人能坐看云起云舒，有的人却依然学不会淡定平和。

　　若柳永学会了心如止水，或许就写不出笔下的孤傲与风流。他从不矫情，却时有伤感，他的眼泪从不藏于人后，无论悲喜，都率真地显露于人前。就连喜欢去烟街柳巷，结交青楼女子，柳永也总是坦坦荡荡，毫不隐瞒。

　　灯火深处，那些女子总是低眉浅笑，抚琴轻唱着他填的词。在她们身边，柳永活出了真性情。虽然科举之路是柳永非走不可的路，但大多数时候，他还是愿意让自己沉浸在花丛中，半梦半醒，深情款款。

　　在柳永的概念里，"烟花"与"风尘"，从来不是低人一等的词汇。世上之人，谁不是活在风尘之中？抱着一颗纯粹的心，便也能将一些世俗看淡。有时候，当看到那些风月中的女子饱受世人的谩骂与白眼，柳永还会心疼。若人生可以选择，谁愿意在倚门卖笑的岁月里任由容颜老去？她们都有说不尽的苦楚与辛酸，不得不抛弃尊严，曲意逢迎，出卖歌喉与舞姿，甚至肉体与灵魂。

那些一掷千金只为买得红颜一笑的豪门贵戚，有谁真正在乎那些风月女子的无奈与悲凉？唯有柳永，既留恋她们的芳华，也珍视着她们的明媚与多情。

自从在父亲的严厉督促下专心备考，柳永已经很久没有踏足风月场所了。终日埋头于书卷之中，柳永越发觉得自己正在苦苦追求的那些名利，皆是锁住自由的缰锁，每天关在书房实在憋闷，他太想出去透口气。

流连江南的那段岁月，实在太值得柳永怀念。他还记得在扬州时，曾有一日，天气就如同自己此刻的心情一般憋闷，为了打发枯燥的光阴，他跑去一处熟悉的妓馆，刚刚进门，堂前便下起大雨。盛夏时节沉闷的热气被大雨洗涤一空，让人不禁神清气爽起来，柳永也突然来了泛舟湖上的兴致。

他与几名要好的歌伎坐在妓馆的彩舟上，在清澈的水面上来回环绕，一杯又一杯地饮酒。虽然是泛舟河上，那彩舟却划得一点儿也不慢，柳永只见楚台歌榭从眼前快速闪过，坐在湘竹簟席上的他竟然感觉到一丝凉意。

柳永不记得自己究竟喝了多少杯酒，只恍惚觉得，彩舟上的琴瑟脆笛之音时隐时现，似乎已经换了许多首了。

吴越之地多美女，坐在柳永身边的女子们虽然都是歌伎，却天生有淑美善良的气质。她们的容貌一个赛一个地姣美，只要客人提出要求，她们便会热情迎合。

彩舟上的宴席正是极尽欢愉的氛围，歌声和笑声时不时地从船上飞出，传到岸边。宴席上的人你来我往觥筹交错，有人已经喝得神志不清，却还一边不停地叫嚷着说要尽兴，一边将自己面前的酒杯一次又一次地斟满。

此情此景，柳永也忍不住跟着曲声高声吟唱。那是一段不被名利所拘的岁月，柳永沉浸其中，久久不能自拔，宁愿就这样快乐下去，哪怕虚度光阴也无所谓。

轻薄名利的念头，在柳永的人生里时有出现，然而很快又会被求仕的念头压制下去。究竟是拿起还是放下，最让人纠结。世人皆知，唯有纵情欢畅、游戏人生的柳永，才是最真实的柳永，而柳永这个身在其中的人却并不自知。

名利羁绊，禁锢着他向往自由的灵魂。那些风姿与风骨并存的红颜们，就像一把解开缰锁的钥匙，为柳永打开一扇通往明媚温柔乡的大门。

在柳永的红颜知己中，有一位名叫心娘的歌伎。她卖艺不卖身，心思纯洁，能歌善舞，美丽善良。她的舞姿，是柳永眼中最灵动的举止；她的歌喉，能教天上的歌女羞愧。在柳永看来，哪怕是能做掌上之舞的赵飞燕也会因心娘的舞姿轻盈而嫉妒。更令柳永钦佩的，是心娘富贵不能淫的品性。贵族子弟即便打算以千金相赠，也不能一踏心娘闺房。

心娘这般心性，让柳永情不自禁地写词歌颂：

木兰花

心娘自小能歌舞。举意动容皆济楚。解教天上念奴

羞，不怕掌中飞燕妒。

玲珑绣扇花藏语。婉转香茵云衬步。王孙若拟赠千

金，只在画楼东畔住。

心娘把柳永的词配上丝竹声声，用婉转的歌喉浅吟低唱，更引来许多客人倾听。柳永用心娘的歌声下酒，花媚酒浓，他用自己的方式怜香惜玉，遍游花丛，却从不逢场作戏。

在秦楼楚馆之中，流传着这样的话："不愿穿绫罗，愿依柳七哥；不愿君王召，愿得柳七叫；不愿千黄金，愿得柳七心；不愿神仙见，愿识柳七面。"她们以能识得柳永为幸事，若能得到柳永青睐，那便是此生不算枉然。那些没见过柳永的舞姬歌女，梦中都盼着能与他花前月下，即便不能与他缠绵悱恻，至少能让他为自己写词也是好的。

可是，忙着准备科考的柳永，暂时还找不出闲暇为任何一个风尘女子写词，他此刻即便要写，也只能歌颂大宋朝的太平盛世：

抛球乐

晓来天气浓淡，微雨轻洒。近清明，风絮巷陌，烟草池塘，尽堪图画。艳杏暖、妆脸匀开，弱柳困、宫腰低亚。是处丽质盈盈，巧笑嬉嬉，争簇秋千架。戏彩球罗绶，金鸡芥羽，少年驰骋，芳郊绿野。占断五陵游，奏脆管、繁弦声和雅。向名园深处，争抡画轮，竞羁宝马。

取次罗列杯盘，就芳树、绿影红阴下。舞婆娑，歌宛转，仿佛莺娇燕姹。寸珠片玉，争似浓欢无价。任他美酒，十千一斗，饮竭仍解金貂赊。恣幕天席地，陶陶尽醉太平，且乐唐虞景化。须信艳阳天，看未足、已觉莺花谢。对绿蚁翠蛾，怎忍轻舍。

这又是一阕歌咏京中清明的词，哪怕是忽晴忽阴的细雨天气，都没能遮掩住汴京城丝毫的美。春日特有的柳絮在街头轻舞，一层薄薄的水雾笼罩着池塘边的芳草。眼前的一切，都仿佛画中的景物，一草一木皆鲜活有灵，宛若仪态美好的女子：艳丽的杏花，就像美人妆后的粉面；低垂的柳枝，就像春困美人的细腰般轻柔。

富贵人家的女子们都来踏青，她们嬉笑打闹着，聚在秋千架旁，争着荡秋千；男子们则有的手握彩球，有的斗鸡取乐；少年们则在郊外策马疾驰，尽情奔跑。四处都有雅致的乐声传来，只有在太平盛世里，民间百姓的游玩场景才能与贵族豪门的王陵之游一样热闹。

游人之欢、宴饮之畅，如同花团锦簇，炫人眼目。那时的汴京，能叫上名字的园林便有八十余处，游赏园林已是汴京百姓间的风尚。趁着太平盛世及时行乐，众人皆是如此，忙着备考的柳永也不例外。

他也趁着清明节日来到园林深处，好不容易才找到一处停放马车的地方。眼前人声鼎沸，柳永心情大好。他将早已准备好的杯盘酒食从车上取下来，随意地放置在一处树荫下，便开始饮酒。

即便是歌颂太平盛世，柳永也改不了随性。想必与他一同前来踏青的，还有许多红颜知己，她们在树荫下纵情歌舞，歌声如黄莺，舞姿如春燕，如此欢乐，令柳永尽情尽兴。那一刹那的快乐是无价的，不像寸大的宝珠与片阔之玉，哪怕再珍贵也有价格。

那一刻，柳永不禁高声吟诵李白的名句："五花马，千金裘，呼儿将出换美酒。"心中豪情，此时此刻已升至顶点，任凭他美酒一斗值千钱，只要酒喝完了，柳永便舍得用头上的帽子去换酒，再以天为幕，以地为席，尽情畅饮。

此时此刻的大宋王朝，与唐虞时代的太平盛世无异。可不知为何，柳永竟突然心生繁华将尽之感，艳阳天尚未看足，便已能觉察到莺飞花谢。他自己也说不清这突如其来的感伤源自何处，只能勉强振作起来，以不忍轻舍眼前的美酒来安慰自己。

若有欢乐，便要尽享，这便是柳永的处世哲学。他不仅要享受眼前的欢乐，还要把这些欢乐写成词，用作纪念。只是，科考已成肩头卸不下的重担，一切欢乐都与无奈交织，让他根本无法尽兴。

第四章

无奈·富贵岂由人

风月、功名两难全

人生自古多波澜，有时候，回忆里写满故事，桌前却少了美酒；有时候，美酒摆上桌案，故事的篇章却在脑海中断了弦；那些看似微笑的容颜，却总有人触摸不到的悲伤。

一切风流恣意，都要付出相应的代价。这个道理，柳永暂时还不懂。醉卧花间的他，即将踌躇满志地奔赴科场，坚信有才华傍身，定能将名字登在黄金榜上。

赴考之前，柳永特意来找英英，在英英的闺房里，他用一阕词来书写自己志在必得的狂傲：

长寿乐

尤红殢翠。近日来、陡把狂心牵系。罗绮丛中，笙歌筵上，有个人人可意。解严妆巧笑，取次言谈成娇媚。知几度、密约秦楼尽醉。仍携手，眷恋香衾绣被。

情渐美。算好把、夕雨朝云相继，便是仙禁春深，御炉香袅，临轩亲试。对天颜咫尺，定然魁甲登高第。待恁时、等著回来贺喜。好生地，剩与我儿利市。

对于科举的结果，柳永是那样自信。他一边让英英等着自己金榜题名的消息，还一边不忘信誓旦旦地对英英承诺：到那时，任凭英英想要什么，自己都会满足。

在柳永此时的字典里，根本不存在"铩羽而归"四个字。他忘记了，所谓科举，是朝廷在选拔可供任用的文官，并非考察天下学子的文学才华。因此，纵然柳永才华斐然，也不得不面对凄然而归的结局。

大中祥符二年（1009 年）春闱，柳永踌躇满志地走进考场。十年寒窗，即将换来一个结果。柳永笃定，获得功名于他而言，将不费吹灰之力。可真实的结果是：那一年，宋真宗有诏："读非圣之书，及属辞浮靡者，皆严谴之。"有了这一纸诏书，进士榜上二百零七人的名单里，柳永的大名理所当然地不在里面，他的兄长三接和三复同样名落孙山。

擅长浮丽文辞的柳永，等于犯了宋真宗的忌讳。对于这样的结果，他不甘心，却又无处申诉，只能将自己的一腔不愤发泄在词句里：

鹤冲天

黄金榜上，偶失龙头望。明代暂遗贤，如何向？未遂风云便，争不恣狂荡？何须论得丧。才子词人，自是白衣卿相。

烟花巷陌，依约丹青屏障。幸有意中人，堪寻访。且恁偎红翠，风流事，平生畅。青春都一饷。忍把浮名，换了浅斟低唱！

得知自己落榜，柳永立刻来到英英这里寻找安慰。其实，早在柳永写词抒发自己志在必得的决心时，看惯了人情世故的英英便已隐隐担忧，科举之路不会像柳永想象得那样顺遂。她用自己的一腔温柔抚慰着柳永的落寞，试图用美酒解开柳永的愁肠。

　　几杯醇酒下肚，柳永有些微醺。酒精果然能麻痹愁情，飘飘然间，柳永又变得豪情万丈了起来。

　　他的志向何止是进士及第，位居榜首的状元才是柳永真正的目标。柳永大声告诉英英，自己只不过是偶然失去了一次高居金榜之首的机会，有什么可难过的？他话说得狂傲，可英英知道，柳永不过是在用表面上的狂傲来掩饰心底的失落。

　　柳永借着酒劲，继续抒发自己的狂傲之言。他说，即使在政治清明的时代，君王也会一时错失贤能之才，他又能怎么办呢？就连英英都听出柳永语气里的讥讽之意，赶忙上前阻止他不要再说下去。可柳永好不容易找到一个一吐心中不快的机会，哪里肯停下来？

　　他说，既然此刻没有好的机遇，索性就随心所欲地游乐好了，何必为了功名患得患失？他喜欢的那种流连坊曲的狂荡生活，也是素来为封建士人所不齿的生活。这一次，借着科举落榜的机会，柳永反而可以坦然放荡下去了。做一名风流才子，为歌姬谱写词章，即便没有功名加身，也不亚于公卿将相。

　　满腹牢骚，只能以这样的话来自我宽慰。登第与落第，究竟哪个是"得"，哪个是"丧"？其实，柳永心中自有掂量。

用"白衣卿相"来形容自己，说明柳永骨子里还是执着于对功名的追求。科举落第这件事，为柳永带来多么深重的痛苦，他比任何人都要知晓。为了摆脱这样的痛苦，他也必须要经历一番更加痛苦的挣扎。

失意的柳永，就是要用极端的叛逆来求得心理上的平衡。在词句里，他毫不顾忌地写下让一般封建士人感到刺目的字眼，就是要造成惊世骇俗的效果，心理上才会好过一点儿。

他要告诉那些封建士人，不要以为科举落榜的他是不幸的，他比一般人都要幸运，因为在烟花巷陌之中，摆放着丹青屏风的绣房里，还有愿意给他温柔抚慰的意中人。他以真心换得真情，与风尘女子相依相偎，享受风流人生，才是他平生最大的快乐。他要大声向世人宣告："青春不过是片刻时间，我宁愿把功名，换成手中浅浅的一杯酒和耳畔低回婉转的歌唱。"

说来说去，不过都是一时负气之言。若能求得功名，谁愿意写下满纸牢骚话？可是，柳永的"牢骚话"还没说完：

传花枝

平生自负，风流才调。口儿里、道知张陈赵。唱新词，改难令，总知颠倒。解刷扮，能咳嗽，表里都峭。每遇着、饮席歌筵，人人尽道。可惜许老了。

阎罗大伯曾教来，道人生、但不须烦恼。遇良辰，当美景，追欢买笑。剩活取百十年，只恁厮好。若限满、鬼使来追，待倩个、掩通著到。

世人不懂欣赏柳永，柳永却懂得自赞、自赏。他说自己"平生自负，风流才调"，分明是叛逆的宣言，却又不算过分自夸。无论从容貌还是才华，柳永在同龄人中都算得上首屈一指的。他多才多艺，风度翩翩，身形健美，的确称得上"表里都峭"。

然而，在世人眼中，柳永的这些做派却被看作"不检率""傎薄无行"。柳永从不在乎他人的看法，别人的责难，他统统不屑一顾，任人言汹汹，他自我行我素。别人替柳永惋惜："可惜这样就完了！"柳永却偏偏不以为意，公然站在世俗的对立面，向世俗宣战。

宋人敬畏阎罗，柳永却戏称阎罗为"大伯"，甚至无畏地说自己曾与阎罗对话，阎罗甚至给他教诲与鼓励："人生在世，不要忧愁烦恼，遇上良辰美景，就尽情享受，再活上百十年。"柳永还说，阎罗对他的好，尽在于此，并且叮嘱柳永，等他大限将至，无常小鬼来捉拿他时，就直接去阎罗那里报到就好。

狂放的柳永，借阎罗之口，表达自己想要主宰生命的意愿。大部分时间里，柳永是乐观而又顽强的，一次科考落第，暂时还打不垮他。只不过，痛定思痛之后，柳永对科举依然抱有希望，这也就注定他无法做到真正超然于物外。

如鱼水

帝里疏散，数载酒萦花系，九陌狂游。良景对珍筵恼，佳人自有风流。劝琼瓯。绛唇启、歌发清幽。被举措、艺足才高，在处别得艳姬留。

浮名利，拟拚休。是非莫挂心头。富贵岂有人，时
会高志须酬。莫闲愁。共绿蚁、红粉相尤。向绣幄，醉
倚芳姿睡，算除此外何求。

纵观柳永一生，从没有放弃过对功名利禄的追求。每当
遭遇挫败，酒楼妓馆、舞榭歌台便是抚平他内心失落与不平
的最好去处。

在京城数年，柳永一直过着不受拘束、"酒萦花系"的生
活，常常往来于歌伎酒馆，沉浸于美酒佳人之中。虽然大多
数时候都他是为歌伎填词讨润笔费，但也的确在许多舞姬歌
女那里留情。

无论是良辰美景，还是佳肴美馔，以及佳人天生的美好
动人的风韵，皆能撩拨柳永的情致。每当佳人朱唇轻启，一
边唱出明亮优美的歌声，一边不停地劝敬美酒，艺足才高的
柳永往往最受青睐。

柳永嘴上说着名利如浮云，是非莫要挂在心头。他看似
可以撒手名利，忘却是非，但功名枷锁已将他牢牢锁住，哪
能让他轻易忘情于世？其实，就连他自己也不肯轻易舍弃自
己的天赋和才华，所以，便将希望寄托在时运上，认为时运
来时，便是他实现志向的时候。

李白说"长风破浪会有时"，"天生我材必有用"，可柳永
毕竟不是李白，虽偶有放荡，但狂放不足。他更愿意走向"绿
蚁""红粉"的温柔乡，他口中的"除此外何求"，却满是无
奈的口吻。

人生不如意之事十之八九，柳永的科考经历，似乎是苍

天有意捉弄。或许，有些人必需要经历风雨飘零，才能青史留名。在命运的转角尚未出现之前，任他再狂傲自负，也只能无奈谦卑。

好在，这一次的科考失败，并没有给柳永造成太大的打击。在他看来，这次失败纯属偶然，像他这样天赋异禀的才子，何愁没有金榜题名的那一天？

半窗残月，一场寂寥

在迷障重重的世界里，每个人都孤独地扮演着自己。所谓"桃花源"，不过是内心中构建出的美好虚影，那里有被幻觉放大的幸福感，却如同阳光下五彩缤纷的肥皂泡，一碰就碎。

这次科举落第是柳永人生中第一次品尝失败的滋味。从小，他就活在人们的夸赞里，他天资聪颖，生于书香门第、官宦世家，读书、写词样样精通，风华绝代的女子们争相与他交好……

他的人生，大部分时间都是一片和风细雨。因此，当狂风骤雨袭来，柳永险些承受不住。虽然身边依红偎绿，但柳永心底是寂寞的。与他的寂寞形成鲜明对比的，是新科进士们的喧哗热闹。

按照宋朝惯例，新科进士有许多繁复的礼仪要完成：拜谢考官、参拜宰相、杏园宴、闻喜宴、樱桃宴、月灯宴等等，在极度的喧闹中，他们尽享新科登第的得意。相形之下，柳永更加落寞，他唯有在烟花巷陌之中，为自己筑建一座旖旎的花园，在繁花似锦中半梦半醒。

就是在此时，一名刚满十五岁的歌伎走入柳永的生命。十五岁的少女，正值最美好的青春年华，可惜她出身青楼，身不由己，只得为了生存学习歌舞，供那些徘徊在烟花之地的王孙贵族取乐。

因为色艺双绝，她也极受王孙公子们的青睐，为了博取佳人一笑，他们不惜一掷千金，豪放至极。可是，那些钱财她却看都懒得看一眼。她毕生所求，是能遇上真心人，只要给她一个平平常常的笑容，她便满足了。

遇到柳永的那一天，那歌伎觉得自己终于得遇良人。别人都将歌伎视作玩物，柳永却能用平等之心来对待她。她向柳永倾诉着自己内心的苦闷，说自己每一天都在忐忑中度过，生怕韶华易逝，青春时光就这样虚度了。

柳永爱慕她的高洁，心疼她的不幸。女子如花，绽放时美好，花期凋零时凄惨。若青春消逝，再多的金钱也无法挽回。深陷风尘之中的女子，哪有人不是无奈而又厌倦的？

那歌伎看得出来，柳永不嫌弃她的出身，便将自己从良的希望寄托在柳永身上。她相信柳永是个有情有义的男子，这样的人值得自己托付终身。若真的如此，她便可以脱离苦海，过上向往已久的自由生活。于是，她大胆请求柳永带自己逃离风尘，给她一个安身之所，还向柳永承诺，到时候便彻底忘记那些在风尘中结识的男子，安心给他做妾。

柳永知道，那歌伎虽出身青楼，却不是那种用情不专的女子。可是，此时的柳永，自身尚且是个白衣素人，又哪能轻易为别人的余生许下承诺？

黄莺儿

园林晴昼春谁主。暖律潜催，幽谷暄和，黄鹂翩翩，乍迁芳树。观露湿缕金衣，叶映如簧语。晓来枝上绵蛮，似把芳心、深意低诉。

无据。乍出暖烟来，又趁游蜂去。恣狂踪迹，两两相呼，终朝雾吟风舞。当上苑柳秾时，别馆花深处。此际海燕偏饶，都把韶光与。

柳永看似是在以词咏物，实际却是在感叹自己的人生。当他自信起来，也会觉得自己就像春日里的黄莺，主宰着园林。晴日之下，草木被春天的阳气催发，四处一片和暖，京城之中，处处都是柳永的游赏之地，他就那样风流自在地徜徉其中，就好像黄莺在林间翩翩飞舞。

可是，黄莺虽然在春日里逍遥，到了夏日，一切都是不同的境遇了。当上林苑的柳树葱郁茂盛之时，别馆花深之处，归来的燕子已把韶光占尽，黄莺只能眼睁睁看着美好的时光白白流逝。

那些新科进士在柳永眼中就像是占尽了风光的燕子，他这只"黄莺"既无奈，又沮丧，既放不下功名，也舍不掉红颜。

红颜给予的温柔，最让柳永留恋。刚刚落榜的那段时光，他的日子很不好过，生性孤高，却无人珍视，唯有那些秦楼楚馆的红颜们愿意包容他情绪里的低沉。烟花柳巷之中，一场又一场的艳遇，正等待着发生。

那一日，柳永又去妓馆，一进门，就看到一名女子准备上台献舞。她姿色绝美，舞姿带有野性，尤其是她在舞蹈中自我陶醉的神情，让人只见一眼，便深深地烙印在脑海里。

那歌舞妓在跳舞之前，一举一动皆是温柔婉顺的，就像水般柔润，柳永不禁猜测，平日里的她，或许只是个温婉至极的女子。可是，当她站上舞台开始翩然起舞，舞姿之中又潜藏着一股傲气。她舞技娴熟，甚至臻于化境，许多动作都以险取胜，看得柳永为她提着一颗心。于是，柳永又开始揣测，或许这女子温婉个性的背后，还有着一股泼辣的劲头。

她的舞姿紧紧跟随着曲子的节拍，当檀板轻敲之时，曲调慢了下来，她的舞姿也缓慢了起来。紧接着，画鼓声催，砰砰转急，她的舞步也一步紧似一步，渐渐飞速旋转起来。古人常用"翩若惊鸿，婉若游龙"来形容女子体态轻盈之美，柳永眼中的这名歌舞伎就是如此。

歌舞看得多了，柳永早已能领略其中的风韵。他看得出，那歌舞伎用尽全身之技，有些夸张地展现着自己，却也明白，她不过是想博得知音人的一顾而已。

那一支舞，她跳得含情脉脉，直到一曲终了，依然情犹未已，沉醉在自己的舞蹈之中。那一刻，她仿佛不是秦楼楚馆中的一名歌舞伎，而是为了酬谢知己而极力创造艺术的艺术家。作为观赏者的柳永，看得酣畅淋漓，不禁悄悄向旁边的人打听那歌舞伎的名字。

有人回答说，她叫虫娘。柳永赞许地点头，这个名字，的确配得上她的风姿。《诗经》中形容美人时，曾写"领如蝤蛴，螓首蛾眉"，都是以虫子身上的部分来比美佳人。

柳永还没来得及为虫娘的舞姿叫好，便听到旁边的少年公子冲着虫娘大声询问她家在何处。虫娘没有回答，柳永从她的神情中看到了不屑一顾。这样的少年她或许见得多了，这样的询问也不是第一次听到。每一个见过她舞姿的男人，都将她当作天上的仙子一般追捧，甘愿受她驱使，对虫娘而言，这也算是对自己身世沦落的一种快意报复。

在世人眼中，虫娘的身份是卑贱的，但她色艺超群，也就难免心气高，想要在红尘之中寻觅知己。人都说"心比天高，命比纸薄"，说的便是虫娘这样的女子。柳永知道，虫娘的个性里有矛盾的成分，这也决定了她的人生会比其他风尘女子多了许多坎坷与不快。柳永于是越发想要亲近虫娘，用自己的温情来抚慰她：

木兰花

虫娘举措皆温润，每到婆娑偏恃俊。香檀敲缓玉纤迟，画鼓声催莲步紧。

贪为顾盼夸风韵，往往曲终情未尽。坐中年少暗消魂，争问青鸾家远近。

一阕小词成功地让柳永吸引了虫娘的注意，她与柳永都是年华正好，对于美好的事物和美好的人总是格外关注。柳永眼中的虫娘，是绝世佳丽；虫娘眼中的柳永，是翩翩才子。笙歌巷陌、绮罗庭园之中，他们对彼此一见倾心，相逢恨晚。

柳永最爱虫娘的嫣然一笑，她笑起来时秋波一转，柳永的心魄便被她摄走了。像这样资质非凡的绝色女子，柳永自然与她百般缱绻，难舍难分。那个晚上，就如同他们的洞房之夜。锦被之下，是一对纵情欢愉的有情人。他们对彼此立下山盟海誓：但愿天上人间永不分离。为此，虫娘还偷偷剪下一缕头发赠给柳永，作为定情信物。

从那日开始，他们便时常幽会，如同彩凤和鸣、燕燕双飞，携手走遍京城的柳径花荫，情依依，爱恋恋。

在科举落第之时，能收获这样美好的爱情，柳永的失落与伤感也被冲淡了。光阴辗转，距离柳永上一次参加科举已过去三年，金碧辉煌的皇宫里又有大事发生：

大中祥符五年（1012 年）十月，宋真宗对宰相王旦说，自己梦见了玉皇令赵氏祖先授予他天书。赵氏先祖在宋真宗的梦中自称是人皇九人中的一人，曾转世为轩辕黄帝，后唐时期奉玉帝之命，七月一日降世，主赵氏之族，总治下界，名曰"九天司命保生天尊赵玄朗"。

当年闰十月，宋真宗追尊赵玄朗为"上灵高道九天司命保生天尊大帝"，庙号"圣祖"。从那天开始，"玄"字与"朗"字成为避讳之字，就连孔子的封号都由"玄圣文宣王"改为"至圣文宣王"，宋朝大将杨延朗也因此改名为杨延昭。

为了配得上如此兴师动众的一番折腾，宋真宗还煞有介事地编了一个故事。他对辅政大臣们说："朕梦见玉皇派赵氏先祖来传话说：'令赵氏先祖授予你天书，之后再与你相见，你要像唐朝供奉玄元皇帝一样供奉他。'第二天，朕又梦见神人来替天尊传话：'我坐于西方，斜设六位以候。'这一天，朕便在延恩殿设道场。五鼓一筹时分，先是闻到一阵异香，片刻之后，满殿金光，遮蔽了烛火之光，朕目睹天兵天将护送天尊降临，朕在大殿之下对天尊一拜再拜。忽然一阵黄雾升起，很快从大殿台阶西侧消散了，天尊的侍从们则站立在大殿台阶的东侧。天尊就座，有六人向天尊作揖，之后也入座。朕打算向这六人叩拜，天尊阻止了朕，命朕上前，对朕说道：'我是人皇九人中的一人，是赵氏始祖，降临人间，也就是玄元皇帝，世人都说我是少典之子，其实并不是。我生于寿丘，后唐时奉玉帝之命，七月一日降生，总治人间，主赵氏之族，如今已有百年了。皇帝你要好好抚育苍生，不要懈怠了祖先的遗志。'说罢就起身乘云而去了。"

辅政大臣们听到如此荒诞的故事，也只能一拜再拜，连声称贺。宋真宗又将众臣子召至延恩殿，让大家观赏先祖降临之所，并布告天下，命参知政事丁谓、翰林学士李宗谔、龙图阁待制陈彭年与礼官修崇奉仪注。

宋真宗佞道，众臣子不知劝阻，只知推波助澜，这让柳永忍不住写词讥讽：

玉楼春

昭华夜醮连清曙。金殿霓旌笼瑞雾。九枝擎烛灿繁星，百和焚香抽翠缕。

香罗荐地延真驭。万乘凝旒听秘语。卜年无用考灵龟，从此乾坤齐历数。

圣祖赵玄朗"降临"延恩殿那日，宫中通宵夜醮，宋真宗亲临道场，迎候圣祖，并恭听了真君的秘训。柳永在词中借用了许多《汉武帝内传》中的典故，明写汉武帝，实际却是在讽刺宋真宗。

宫中夜醮那一晚的场面之大、气氛之热烈、宋真宗之严肃恭敬，在柳永看来简直可笑至极。他讽刺宋真宗终于听到了仙家传授的秘诀，从今以后再无须用灵龟去占卜了，大宋王朝的命运将与天地一样长久，看似是在说着谀圣之词的套话，可听起来又满是嘲讽。

似乎这一阕词还没有将嘲讽之意表述殆尽，柳永紧接着又写一词：

玉楼春

凤楼郁郁呈嘉瑞。降圣覃恩延四裔。醮台清夜洞天严，公宴凌晨箫鼓沸。

保生酒劝椒香腻。延寿带垂金缕细。几行鹓鹭望尧云，齐共南山呼万岁。

自从大中祥符元年（1008 年）的"天书事件"之后，宋真宗举行了上圣祖尊号、东封泰山、西祀汾阴等一系列活动，并将"天书降临"的正月初三日定为"天庆日"、七月一日赵玄朗降生日定为"先天节"、十月二十四日赵玄朗降延恩殿日为"降圣节"，称为三大节日。

据《宋史·礼志》记载，赵玄朗"降圣"延恩殿那一日，"休假五日，两京诸州府，前七日建道场设醮，假内禁屠辍刑，听士民宴乐，京师张灯一夕"。

柳永的词看似是在记录宫中夜醮和盛宴的盛景，其实却在藏头露尾地讽刺揶揄。他对宋真宗耽于神仙之道的做法极为不满，还要讽刺一下满朝臣子山呼万岁，祝皇帝寿比南山的疯狂闹剧。

那时的柳永年方二十余岁，正是年轻气盛的时候，再加上科考落第，并未出仕，无进退之忧。于是，他将自己对宋真宗佞道的腹诽之语显露在字里行间，却不知，这些真性情的言语，都为他日后的遭遇埋下伏笔。

薄情偏又柔情

情字惆怅，能写尽三千繁华。孤独的人，更懂得如何书写悲欢。有些人虽是年少，心却已经苍老。心中期待的太多，成真的太少，一阕狂词，也写不尽生命里的荒凉。

柳永总是觉得功名如浮云，可这浮云就飘浮在他眼前不远处，仿佛伸手便能抓到，却又轻易从指缝中溜走。越是如此，柳永对功名便越发渴望。浮名虚利，恩怨是非，终究还是无法轻描淡写地挥去。

科举路上，同样不分老少，有人少年得志，一朝鱼跃龙门；有人须发皆白，还在科举路上蹒跚前行，却永远抵达不了终点。这世上能被幸运眷顾的人，终究还是少数，柳永总觉得自己差了些运气，却并不知道，他那些时而狂放时而浮靡的词句，皆是他科举之路上的禁锢。

父亲的离世，让柳永错过了大中祥符五年（1012 年）的科考。因为柳永和两位哥哥皆无功名在身，他们只得将父亲暂时安葬在祥符县，打算等兄弟三人全部考取功名之后，再让父亲魂归故里。

向来恣意惯了的柳永，第一次觉得对不住父亲。不能将父亲送回故乡崇安厚葬，是因为兄弟三人都是白丁，无法让父亲在故乡获得体面。世人大多看重功名，仿佛只有功名加身才能拥有尊严。尤其是像柳家这样的官宦世家，一下子出了三个考不上功名的子弟，难免被乡邻在背后指指点点。于是，兄弟三人只能暂时委屈一下父亲，并在父亲的坟前郑重起誓，到功名加身的那一日，一定送他回乡风光大葬。

按照习俗，父母去世，儿子要守孝三年。在守孝期间，不得应试、不得听乐、不得婚娶、不得出官。柳永是浪子，却并非逆子。为父亲守孝的岁月里，他真的远离风月之地，埋头苦读，只期望下次科考能实现对父亲许下的誓言。

大中祥符八年（1015 年），结束了守孝期的柳氏三兄弟一同参加礼部考试，却同时再度落第。柳永的科举之路实在崎岖，仿佛每一次出发，结局都注定是无功而返。

上一次科举落第，柳永还有诗酒和风尘来抚慰，可是这一次，他却考场、情场双双失意，那个可容他寄身的雪月风花之地，对他也不再包容。

这一次科举落第之后，柳永打算暂时离开汴京，四处漫游，寻找求仕之路。他的这一决定让虫娘十分苦恼，为了留下柳永，他们大吵了一架，最终不欢而散。

功名与爱情，都是柳永割舍不掉的执念。离京漫游的那段日子，柳永四处拜谒求仕，却也处处碰壁，尝尽了漂泊无依、人生蹉跎的苦涩。他始终没有放下对虫娘的思念，感叹这样的羁旅生活将美好的时光都白白浪费了。

柳永就是这样一个矛盾的个体，一边追求功名，一边又感叹功名误人；一边为科考用功，一边又被世俗之乐吸引。

这样的矛盾心理，导致了柳永一生的悲剧，到头来，最让他留恋的，依然是从前恣意狂荡的岁月。

集贤宾

　　小楼深巷狂游遍，罗绮成丛。就中堪人属意，最是虫虫。有画难描雅态，无花可比芳容。几回饮散良宵永，鸳衾暖、凤枕香浓。算得人间天上，惟有两心同。

　　近来云雨忽西东。诮恼损情悰。纵然偷期暗会，长是匆匆。争似和鸣偕老，免教敛翠啼红。眼前时、暂疏欢宴，盟言在、更莫忡忡。待作真个宅院，方信有初终。

　　自从柳永离京漫游，便与虫娘断了联系。分离日久，思念越发强烈，柳永终于忍不住以词代书，向虫娘表白自己的真情。

　　回忆昔日纵情风月之时，柳永在坊曲之间见过太多身着罗绮、浓妆艳抹的歌伎，其中最让他倾心的，唯有虫娘。一个"最"字，表明了虫娘在柳永心中的特殊地位。其实若说风流美貌，的确有人胜过虫娘，但却没人拥有虫娘这样的雅态。柳永赞她温柔俊俏、色艺超群，又生来多情、能吟诗作对，不像是风尘女子，这也是柳永深爱她的理由。

　　多少个良宵，他们一起度过，百般缠绻，柳永始终都无法忘怀那温暖的鸳鸯锦被、用香熏过的凤枕，他们爱得陶醉，爱得痴迷，也曾许下过海誓山盟，仿佛天上人间，只剩彼此的真情。

自从柳永再次科举落第之后，与虫娘见面的次数也减少了。或许是有人劝告柳永，沉迷风月有损他的才名，不利于求仕，于是，柳永即便偶尔去找虫娘，也只能偷偷前往，且来去匆匆。虫娘因此生出许多抱怨，两人即使见面，也不复从前的欢乐。

柳永也希望能与虫娘像夫妻那样鸾凤和鸣、白头偕老，以免每次相会，都让虫娘敛眉啼哭、伤心忧愁。于是，他向虫娘承诺，眼前的离别只是暂时的，他的海誓山盟都是作数的，让虫娘不要为此忧心忡忡。

对于虫娘的未来，柳永有长远的打算：等考取功名之后，哪怕承受外界巨大的压力，他也要为虫娘购置一套宅院，娶她为妾。只有那一天真正到来，他们的爱情才算得上有始有终。

世间有几人能做到轻挥衣袖，不带走一片云彩那般潇洒？红尘万千，数不尽的惆怅，道不尽的牵挂，过去的，还想再回头；分别的，还想再继续。只因天生多情，不忍繁华变成回忆。

柳永知道，虫娘当初对自己的抱怨，很大一部分来自妓馆的压力。像他这样的落魄书生，是不可能像王孙贵族那样一掷千金的。妓馆最是薄情，鸨母一定在背地里管教过虫娘，让她少和柳永来往。像虫娘这样色艺双绝的歌舞伎，是妓馆的摇钱树，只有多与王孙贵族来往，才能让妓馆赚得盆满钵满。

自从柳永上次给虫娘写信安慰，两人之间又开始偶尔联系，柳永每一次都是以词代信，既表达自己的思念，也为虫娘许下承诺：

征部乐

雅欢幽会，良辰可惜虚抛掷。每追念、狂踪旧迹。
长只恁、愁闷朝夕。凭谁去、花衢觅。细说此种端的。
道向我、转觉厌厌，役梦劳魂苦相忆。

须知最有，风前月下，心事始终难得。但愿我、虫
虫心下，把人看待，长以初相识。况渐逢春色。便是
有、举场消息。待这回、好好怜伊，更不轻离拆。

柳永希望虫娘知道，自从分别之后，自己的日子也不好
过，每一天都是从早愁到晚。他多希望有人能替自己在虫娘
面前讲述一下自己的相思之情，可是他们就连通信都要偷偷
摸摸地进行，怎么可能再托人传情？

他告诉虫娘，自己理解她的一切担心与烦恼，也希望虫
娘能珍惜他们之间这份难得的感情，不要再移情于他人。他
还叮嘱虫娘，若是鸨母强迫他接待客人，只要应付一下就可
以了。等春闱即将开始的消息传来，他就会返回汴京，到时
一定能科场夺魁，再也不和虫娘分开。

他们一个是游子，一个是歌伎，虽然向往纯粹的爱情，
却注定没有结果。世间之痴，莫过于情，一阕笔墨，能写尽
缠绵与轰烈，却扭转不了荒凉的结局。

为伊消得人憔悴

萧瑟西风里，不给欢情留半点余地。徘徊在异乡的人，思念着自己的来处，脚步也因此渐渐迷失。一点儿甘之如饴的温馨，足以令人望眼欲穿，其实，能让人遗落满地悲伤的，并非命运，而是自己有太多杂念不肯舍弃。

漂泊在外的柳永，登高远眺，心生无限离愁。春风习习，迎面吹来，无尽的愁思，也借着春风弥漫天际。芳草萋萋，刈尽还生，就如同剪不断的离愁，连绵无尽。柳永已经厌倦了漂泊在外的生活，命运仿佛为他关上了通往仕途的大门，任他四处拜谒，始终没能觅得一个好出路，这让他思归之情更胜，对虫娘的怀念也越发强烈。

他就那样孤独地站立在楼头，向远方眺望了许久，已近黄昏还不忍离去。春光本应是明媚的，春景也最是生动，尤其是夕阳西下时，如茵的绿草上洒满夕阳的余晖，闪烁着一层如烟似雾的光色，在柳永看来，却是凄美的颜色。

伤感的人，看美好的景色也能心生凄凉。柳永的惆怅无人能懂，他也懒得向别人倾诉。他也尝试过苦中作乐，试图尽情放纵，喝个一醉方休。可惜，那愁情太深，单凭酒精的作用根本无法排解。柳永以为，只要醉了，就能忘记一切不痛快，于是他纵情痛饮，不拘形迹，对酒放声高歌，然而，愁绪丝毫没有消解，强作欢颜，仍然索然无味。

功名与爱情，皆是柳永愁绪的来源，他哪一个都不想摆脱，甘愿受这愁绪的折磨。即便自己被折磨得容颜憔悴，骨瘦嶙峋，也绝不后悔。

夕阳将要落尽的时候，柳永面对着远方，喃喃自语：

蝶恋花

伫倚危楼风细细，望极春愁，黯黯生天际。草色烟光残照里，无言谁会凭阑意。

拟把疏狂图一醉，对酒当歌，强乐还无味。衣带渐宽终不悔，为伊消得人憔悴。

或许，柳永曾经想过把这阕词写进书信里，寄给虫娘。但他没有，愁绪多一个人分担，并不会有丝毫消减，反而让这世上又多了一个愁苦之人。

思来想去，柳永最终把给虫娘的信换成另一阕词：

洞仙歌

嘉景，向少年彼此，争不雨沾云惹。奈傅粉英俊，梦兰品雅。金丝帐暖银屏亚。并鸳枕、轻偎轻倚，绿娇红姹。算一笑，百琲明珠非价。

闲暇。每只向、洞房深处，痛怜极宠，似觉些子轻孤，早恁背人沾洒。从来娇多猜讶。更对翦香云，须要

深心同写。爱揾了双眉，索人重画。忍孤艳冶。断不等
闲轻舍。鸳衾下。愿常恁、好天良夜。

这才是专属于柳永的词风，几分露骨、几分深情。寄出
这封信时，柳永已经心生归意。四处拜谒的这段日子，柳永
始终找不到出路，他逐渐认清，属于他的功名还是要从科考
场上求取。

1017 年，宋真宗改元"天禧"，大赦天下，并发行"天禧
通宝"。有人说，"天禧"年号是宋真宗祈求上天降喜神来帮
助大宋王朝的一种期待与呼唤，"天禧"也是宋真宗对喜神的
尊称。

这一年元旦，宋真宗亲赴玉清昭应宫，上玉皇大帝宝册
衮服；第二日，上圣祖宝册；十一日，在南郊设坛祭拜天地，
再到天安殿受册号，作《钦承宝训述》，并昭示群臣，群臣对
此自然又是一番歌颂。

柳永虽不在京城，却到处都能听到百姓对这一连串盛大
场面的议论，于是又忍不住写词讥讽：

御街行

燔柴烟断星河曙。宝辇回天步。端门羽卫簇雕阑，
六乐舜韶先举。鹤书飞下，鸡竿高耸，恩霈均寰寓。

赤霜袍烂飘香雾。喜色成春煦。九仪三事仰天颜，
八彩旋生眉宇。椿龄无尽，萝图有庆，常作乾坤主。

他还是看不惯宋真宗对仙道之事的热衷，将一阕词写得

华丽异常，又回顾了当年仙鹤衔来"天书"的奇景，口口声声地说着大宋王朝永世不倒，心中却对这个满口"神调"的皇帝鄙夷至极。

这年十月，宰相王旦去世。王旦在位时，宋真宗信神弄鬼，不理朝政，朝中的很多琐事都由王旦处理。只是，当时"五鬼"乱朝，王旦迫于压力，不敢公开与"五鬼"斗争，虽然明知"天书"是伪造的，也不敢极力谏言阻止，以至于"天书事件"的闹剧愈演愈烈。但若不是王旦在此期间总理朝政，收拾了许多烂摊子，当时的政局和社会经济可能会更加糟糕。

王旦临终之前，对自己没能谏言阻止"天书事件"的闹剧痛悔不已。他去世后，王钦若成为宰相，除了装神弄鬼、结党营私、排除异己、陷害他人之外，王钦若对朝政几乎没有任何建树。

宋真宗虽喜欢有王钦若这样的人在身边阿谀奉承，但也算不上昏君。他意识到自己年龄渐大，又体弱多病，便思虑着要为大宋江山寻找一位可靠的继承人。

天禧二年（1018 年），宋真宗下诏立赵受益为太子，改其名为赵祯，预示国运兴隆。从这一年开始，每年三月初一，都会有君臣士庶游赏汴京金明池的盛况。据《东京梦华录》记载，金明池"在顺天街门外街北，周围约九里三十步，有面北临水殿，车驾临幸，观争标，锡宴于此"。

这一年，柳永也回到了汴京。重回繁华都市，柳永不得不赞叹此时的太平盛世。皇帝率领群臣出游、举杯宴饮的盛况被他偶然遇见，这让他心情满是喜悦，由衷地想要歌颂一番：

破阵乐

　　露花倒影，烟芜蘸碧，灵沼波暖。金柳摇风树树，系彩舫龙舟遥岸。千步虹桥，参差雁齿，直趋水殿。绕金堤，曼衍鱼龙戏，簇娇春罗绮，喧天丝管。霁色荣光，望中似睹，蓬莱清浅。

　　时见。凤辇宸游，鸾觞禊饮，临翠水，开镐宴。两两轻舠飞画楫，竞夺锦标霞烂。馨欢娱，歌《鱼藻》，徘徊宛转。别有盈盈游女，各委明珠，争收翠羽，相将归远。渐觉云海沈沈，洞天日晚。

　　皇帝率臣子出游的场景，本就是一幅气象宏伟的画卷。更何况是初春时节，春景最是诱人：带着露水的鲜花在金明池中映出倒影，烟雾轻笼的青草丛微微浸入池中的碧水，就连金明池的水波都荡漾出淡淡的暖意，处处都是春的气息，一切都是温暖而热烈的。

　　池对岸的柳枝被阳光镀上一层金色，在风中轻轻摇曳，皇帝乘坐的龙舟与彩船就系在柳树上。普通人不能轻易靠近皇帝所在之地，柳永只能远远观望，金明池内的仙桥，朱漆阑楯，下排雁柱，中央隆起，势如飞虹。桥的尽头便是金明池的中心，也是五殿的所在。

　　春日的金明池，每一处都是喧哗热闹的。有人在柳树之堤旁装扮成珍奇动物，正在进行特技表演；还有一群青春貌美、穿着华丽的歌舞伎正伴随着响彻云霄的管弦之音歌舞。柳永远远地欣赏着，只见金明池上空景色晴朗、祥云彩光，如同海上的蓬莱仙境。

皇帝与群臣就在清澈的池水畔开设御宴，他们一边宴饮，一边观赏龙舟竞赛，春日映照之下，龙舟们抢夺的锦标如同霞光般璀璨。宴会之上，赞美皇帝的歌声徘徊婉转，极为动听。

整整一日，金明池畔都是这样喧哗热闹的场景，直到天色将晚时，喧闹声才渐渐平息。前来游玩的人全都尽兴归去，渐渐走远。天空昏暗下来，金明池上精美的殿台楼阁也渐渐笼罩在一片暮霭沉沉之中，宛若神仙居住的洞府一般。

结束了那一日金明池边的游赏，柳永便很少再出门，终日把自己关在书房里苦读，就连风月之所也很少流连了。他将全部希望寄托于来年的科考上，可惜，幸运之神依然不肯垂青柳永。

天禧三年（1019 年）的春闱，柳永再次落榜，兄长柳三复进士及第。此时的柳永，已不再是满身朝气的少年。三次科考，三次落第，消耗了大半青春，三十五岁的他，早已过了而立之年，依稀有了几许白发，却始终没能得到些许功名。那一日的金榜之前，人人都在专注地寻找着自己想要看到的名字，根本没有人注意，一个落寞的身影，正默默从人群中远离。

第五章

黯然·今宵酒醒何处

奉旨填词

　　再繁华的灯火，也无法点亮黯淡的人生。破碎的梦，刺伤了一颗荒凉的心。仿佛一切温暖与快意，都只在烟花巷陌里，只要从那里离开，这尘世便只剩凉意。

　　于是，柳永又堕入烟花里，去寻找那些许的温存。

　　虫娘还在柳永熟悉的地方，并非刻意在等待他，而是她早已被无形的枷锁捆缚在原地，根本无法逃离。但至少她还在，这已是对柳永莫大的安慰。久别重逢，两人心中皆是复杂情味。虫娘的容颜似乎不似当初那般娇媚了，见到柳永时，她愁眉紧锁，发髻也有些松散，全然不似当年精致，身形明显消瘦了。

　　当年，虫娘对柳永动了真心，自从柳永离开汴京，虫娘逐渐变得消沉倦怠，任何事情都无心去做。没有客人时，她甚至懒得梳妆打扮，这一切皆是因为风流浪子柳永，虫娘以为，柳永四处漫游的这些日子，一定有了同他调笑取乐的人，早已将她丢在脑后了。

　　虫娘思念柳永，也怨恨柳永。这次柳永回来，对虫娘百般抚慰，虫娘心中的怨气消解了不少，却还不愿就这样轻易原谅，嘴上依然说着抱怨的话。她说自己就应该打扮得漂漂亮亮的，不应该因为他的离去而容颜憔悴，否则岂不是白白辜负了青春年华？

柳永知道虫娘说的是负气话，任由她在自己怀中哭诉、捶打，只有让她将一腔怨恨都发泄出去，两人才能重拾昔日的恩爱。

虫娘依然不依不饶地责怪柳永，柳永离京之前，曾与虫娘定下归期，可归期到了，却依然不见回来。之前有许多次，柳永与虫娘约定好相见的日子，也因为种种事情羁绊住，没能赴约，虫娘将这许多次抱怨攒在一处，想要好好地惩罚一下柳永。

她说，在见到柳永之前，自己早就想好了，等他回来，要把他紧紧关在房门外，不让他进来。如果他想要与自己欢爱，那自己要将鸳鸯绣被紧紧地缠在身上，不与他同床共枕。等更鼓已深时，再好好地审一审他，以后还敢不敢这样无赖失约？

那一夜，自然是百般旖旎，虫娘终究还是舍不得惩罚柳永的。烟花巷中的寂寞女子，在柳永心中都是娇媚的花，他用心怜爱着她们的百媚千娇，也梦想着就这样沉醉花间，老死不过问世事。

停留在风月之地的柳永，时而沉醉，时而清醒，带着一颗怜香惜玉的心，寻欢也留情。他笔下的云雨缠绵，从不刻意遮掩，世人贬他的词是"淫词"，他却随性如故。在他看来，市井生活，人间情爱，皆是值得歌颂的。况且，他的笔不只用来书写风尘中的旖旎艳丽，也要抱打人间不平。

晚年的宋真宗，时常卧病不起，越发迷信和糊涂，对善于逢迎的王钦若和丁谓几乎到了言听计从的地步。天禧三年（1019年），丁谓主动邀请被贬的寇准回朝再当宰相，这一举动并非丁谓有格局，而是因为凭他的资历与声望，根本不够当宰相的资格，于是便想假借寇准的资望为自己的权势服务。寇准虽早已看出丁谓的别有用心，可为了朝廷，还是不顾亲友的劝阻赴京上任了。

丁谓起初打算把寇准拉为同党，在一次宴会上，寇准的胡须沾了些菜汤，丁谓立刻起身，亲自为寇准擦拭胡须。寇准为此大怒，当众训斥丁谓此举有失大臣体面。丁谓因此恼羞成怒，暗自发誓要报复寇准。

此时宋真宗病重，皇后刘娥参与朝政，凡事皆问丁谓。寇准等老臣担心丁谓误国，纷纷上奏折建议应选择正大光明的臣子来辅佐太子监国。寇准特意指出：丁谓、钱惟演皆是奸佞之人，不能辅佐少主。

其实，寇准在反对丁谓辅政的同时，也反对刘皇后干预朝政。病中的宋真宗意识到丁谓专权的严重性，批准了寇准等人的上奏，寇准让知制诰杨亿秘密起草太子监国的诏旨，此事被刘皇后知晓，先下手为强，罢免了寇准的宰相之职，降为太子太傅，封莱国公。

就在此时，与丁谓有私仇的太监周怀政企图发动政变，斩杀丁谓，复相寇准。丁谓在曹利用的帮助下派兵捉拿周怀政，周怀政自杀，丁谓又想趁机诬告寇准参与了政变。宋真宗虽没治寇准死罪，却再次将他罢相，逐出京城。

寇准离京之后，宋真宗欲拜李迪为相。李迪对寇准罢相一事十分愤懑，不仅对宰相之职坚辞不受，甚至公然宣称自己与丁谓不共戴天，还持手板击打丁谓，又在宋真宗面前痛斥丁谓之奸邪，力诉寇准之蒙冤。丁谓因此忌恨李迪，他坐上相位之后，立刻将李迪贬官至郓州（今山东郓城县）。

得知朝中变故的柳永，十分欣赏李迪与寇准的刚正不阿，也为他们的遭遇而愤懑。可惜，他只是一介白衣，没有登上朝堂、扭转局势的资格，只能写词发泄而已：

玉楼春

星闱上笏金章贵，重委外台疏近侍。百常天阁旧通班，九岁国储新上计。

太仓日富中邦最，宣室夜思前席对。归心怡悦酒肠宽，不泛千钟应不醉。

朝堂之上，宋真宗几乎已成摆设，军国大事均由刘皇后与丁谓等人决定。柳永自幼饱读圣贤书，为的就是步入朝堂，参与朝政。可如今奸臣当道，他的求仕之路注定更加坎坷。

天禧四年（1020 年）夏，柳永母亲去世，兄弟三人将父母合葬，便开始居家服丧。柳永再一次过上了埋头苦读的日子，远离风尘，浸润在书卷中。

柳永居家服丧期间，朝中再次发生巨大变故——乾兴元年（1022 年），宋真宗驾崩，年仅十三岁的太子赵祯继位，是为宋仁宗。

年幼的宋仁宗，稚嫩的肩膀还扛不起大宋江山，章献太后刘娥垂帘听政，主宰着大宋江山的命运，也主宰着柳永的命运。

服丧期满之后，兄弟三人择了黄道吉日，将父母的遗骸从祥符县的墓穴中请出，重新装了棺椁，一同护送南下崇安五夫里故乡。

此时柳永和兄长三接虽没有功名在身，但三复已经中举为官，好歹不算辱没了柳氏门楣。将父母安葬之后，柳永回到汴京，此时距离下一次的科考已没有多少时日了。

天圣二年（1024 年），四十一岁的柳永再入考场。这已是他第四次参加科考，虽不复最初的踌躇满志，但依然还抱着中举的希望。

放榜之前，柳永已经做好了名落孙山的心理准备，可是当发觉金榜之上真的找不到自己的名字时，一阵强烈的失落感还是瞬间充斥了胸口。

其实，柳永在这一年科考中的表现的确不俗，他的名字也被列入了进士名单。可当这份名单上奏朝廷时，柳永的名字却被划掉了。

据《能改斋漫录》记载："仁宗留意儒雅，务本理道，深斥浮艳虚美之文。初，进士柳三变好为淫冶讴歌之曲，传播四方，尝有《鹤冲天》词云：'忍把浮名，换了浅斟低唱。'及临轩放榜，特落之，曰：'且去浅斟低唱，何要浮名？'"

柳永从未想到，曾经失意之时的牢骚之语，竟然刺了当朝皇帝的心，甚至让皇帝亲自发话，让他去喝酒、填词，不要再考虑功名。只是，若仔细想想，当年的宋仁宗不过是十五岁的少年，尚未临朝亲政，军国政事皆由章献太后刘娥处理，下诏将柳永的名字从进士榜上划掉的，或许根本不是宋仁宗，而是章献太后。更何况，宋仁宗一生以宽仁著称，最惜人才，断不会因为柳永几句发牢骚的词句便做出如此苛责。

但无论真相如何，柳永再度落榜的结局已成定数。在柳永的试卷上，落着四字朱批——"且去填词"，这轻描淡写的一笔，便将仕途的大门在柳永面前牢牢关死，也彻底将柳永推入了歌馆茶楼、市井巷陌之中。

既然是皇帝让他填词，柳永便索性自嘲是"奉旨填词"。喧闹的风月之地、优美的丝竹管弦之中，彻底融入了柳永文学才情。失意之人，偏偏不写失意之语，他用最通俗的语句，书写自己在秦楼楚馆中的所见所闻、所思所想，竟也形成了别具一格的"俚俗词派"：

西江月

师师生得艳冶，香香于我情多。安安那更久比和。四个打成一个。

幸自苍皇未款，新词写处多磨。几回扯了又重接。姦字中心著我。

"奉旨填词"柳三变，从此彻底堕入红尘。酒台歌榭、烟花柳巷，本就是他去了无数次、又离开无数次的地方。在心底，柳永将那里当作自己最后的栖息之地，那里能包容他的所有失落，纾解他全部的烦闷。借着七分醉意，带着三分清醒，他结识了一个又一个姑娘，填了一阕又一阕词，看似风流浪荡，玩世不恭，然而个中酸楚，只有他自己能够体会。

写烟花寂寞，任世间褒贬

每一条人生路，都并非绝对的坦途。有人在路上兜兜转转，青丝染了霜华，蓦然回首，却发现还在原地。

不是每一个经历过悲欢的人都能看淡风月，带着满腔哀愁的柳永，正打算奔赴风月之地。

汴京，是个给柳永留下太多伤心的地方。他决定远离这里，去一个只有歌声与欢笑的地方"奉旨填词"。

天子的一句随意之言，便决定了柳永的命运。他虽有绝世才华，也不得不低下头任凭命运摆布。岁月可以改变他的容颜与心境，却丝毫不能消减他的才情。他还是那个流连风月的柳七公子，烟花巷陌的红颜们将他的词浅吟低唱，无人不知柳七公子的词中自有万种风情。

柳永笔下的词句，书写着岁月沧桑，书写着人活于世的无奈，也书写着自己对雪月风花的留恋：

雨霖铃

寒蝉凄切。对长亭晚，骤雨初歇。都门帐饮无绪，方留恋处、兰舟催发。执手相看泪眼，竟无语凝噎。念去去、千里烟波，暮霭沉沉楚天阔。

多情自古伤离别，更那堪、冷落清秋节！今宵酒醒何处？杨柳岸、晓风残月。此去经年，应是良辰、好景虚设。便纵有、千种风情，更与何人说？

他要去往的远方，是"暮霭沉沉"的楚地；与他"执手相看泪眼"的人，是他难以割舍的红颜。

天圣二年（1024 年）秋，伴随着凄凉而急促的蝉鸣，柳永登上了开往西楚荆湘的行船。临行之前，他悲切地写下这阕《雨霖铃》，赠给心爱之人，那人或许是虫娘，或许是师师，也或许是不曾在柳永词句中留下姓名的女子。

据《明皇杂录》记载，安史之乱时，唐玄宗避地蜀中，于栈道雨中闻铃音，起悼念杨贵妃之思，"采其声为《雨霖铃》曲，以寄恨焉"。这本就是颇具哀怨的词调，柳永更是将自己的离情写得极尽委婉凄恻。

萧瑟秋景，正值天色将晚，暮色阴沉。一阵骤雨滂沱之后，四处更显凄凉。得知柳永即将远行，深爱他的女子在都门外长亭摆下酒宴为他送别。摆在宴席之上的，皆是美酒佳肴，柳永却丝毫没有畅饮的兴致，全部心绪都放在对心爱之人的依依不舍上，另一边，船上的人却在催促着他快些出发。

船将启碇，情人难舍，离别如此紧迫，柳永与心爱之人只能紧紧握着彼此的手，满眼泪花，无言相对，纵有万语千言，也都噎在喉间，一句也说不出来。

此一去，前路茫茫，道里修远。她望着柳永即将去往的南方，只见一片烟波，夜雾沉沉。那远在千里之外的楚地天空，竟是一望无边。深重的离愁，便是噎在她喉间的话。自古以来，最令多情之人伤心的事情就是离别，更何况又赶上这萧瑟冷落的秋季，这般离愁，谁能轻易承受？

柳永的心头又何尝不是被离愁充斥着？试想今宵旅途，一舟临岸，酒醒梦回时究竟身在何处，柳永也不能确定。他可以想象，那时眼前所见，定是一弯残月高挂杨柳梢头，习习晓风吹拂萧萧疏柳。身在异乡为异客，风景再清幽，也是凄美的。

这一次说了再见，便注定是漫长的离别。相爱之人不能相守的日子里，纵然有良辰美景，柳永也不会再有欣赏的兴致了，只能徒增伤感而已。即便心中有千万种柔情蜜意，恐怕也无人可以倾诉了。

写好这阕词，柳永转身离去，只留下一袭身着青衫的背影。他带走了他的放荡不羁，他的狂傲风流，还有他那些饱含底蕴，却被诟病为"淫艳"的词句。

前路漫漫，不知何时是归期。船行江上，四周是寂寥的夜色。回想刚刚心爱之人为自己送别时的场景，柳永顿觉心头一阵痛楚。因为过分悲伤，他有太多想说的话没能说出口，想来她也应该是如此吧？

刚刚分别，便已思念，柳永坐船行驶在苍茫的夜色里，借着船头的一豆油灯，书写自己的相思：

倾　杯

离宴殷勤，兰舟凝滞，看看送行南浦。情知道世上，难使皓月长圆，彩云镇聚。算人生、悲莫悲于轻别，最苦正欢娱，便分鸳侣。泪流琼脸，梨花一枝春带雨。

惨黛蛾、盈盈无绪。共黯然消魂，重携素手，话别临行，犹自再三、问道君须去。频耳畔低语。知多少、他日深盟，平生丹素。从今尽把凭鳞羽。

送行宴上，心爱之人反复向柳永劝酒，百般叮咛，比平日里更加殷勤。可柳永看得出来，她是在强作欢颜，不忍离别，却又不得不无奈地接受离别。待发的兰舟仿佛也通人情，不忍看有情人分别，在水面上徘徊不前。物尚如此，人更情何以堪？

时间转瞬即逝，纵然不忍别离，别离的时间还是到来了。月有阴晴圆缺，哪能长久圆满？彩云易散，琉璃易碎，这些都是柳永明白的道理，可理智上虽然知道人有聚散，情感上却还是会因为离别而痛苦万分。这世上最让人痛苦的，莫过于正处于热恋中的情侣突然遭受分离，柳永只要闭上眼睛，眼前便会浮现出心上人哭得梨花带雨的脸庞，那样娇美，那样令人怜惜。

柳永离开汴京之后，她必是孤独无依的，从他紧锁的蛾眉，柳永便能读出她内心的盈盈无头绪，忍不住和她一同沮丧伤心。他紧紧握住心上人的手，渴望将心底的全部依依之情通过双手传递给她。

分别在即，那多情的女子似乎还留有一丝幻想，轻声问柳永："你真的一定要离开吗？"其实她也知道，多问一句也是徒劳的，可若是不问，心中的百般依恋又无处倾诉。

从今以后，多少深情都只能靠书信来传递了。无边夜色里，小船上的一点火光为柳永的身影镀上落寞的光晕，他已陷入深深的悲哀无奈之中，任情思绵渺，无法自拔。

多情的柳永，虽不被文人士大夫接纳，却独受青楼女子的宠爱和眷恋。她们爱他词句的绵长，爱他笔下的才子佳人。柳永的词唱得多了，她们仿佛觉得自己就是那词中佳人的化身。在仕途上失意落魄的柳永，在红尘巷陌中有数不尽的知己红颜，世人可以嘲笑他的词"艳俗"，却不能否认他的情真。

重文轻武的宋朝，真正有才华的文人，大多不缺知交，柳永却是个例外。除了那些歌舞伎馆中的红颜，大多文人都是对柳永不屑的。

据说，柳永曾拜访过宰相晏殊，晏殊比柳永年少几岁，却少年成名，十四岁就被赐同进士出身，又是当朝天子的老师。晏殊曾问柳永："贤俊喜欢作词？"柳永答说："也像您一样喜好。"晏殊却没了好气，回道："我虽然作词，但不曾作什么'针线闲拈伴伊坐'。"柳永听罢，沉默不语，知趣离开。

原来，真正懂他的，还是那些秦楼楚馆中的红颜。从此，柳永也懒得挣扎，任由世人品评、褒贬，依然我行我素，过他的词酒人生。

他将全部真情，赋予青楼之中，联结着他与青楼女子的不只是词曲酬唱，更有相依相偎的精神：

引驾行

红尘紫陌，斜阳暮草长安道，是离人。断魂处，迢迢匹马西征。新晴。韶光明媚，轻烟淡薄和气暖，望花村。路隐映，摇鞭时过长亭。愁生。伤凤城仙子，别来千里重行行。又记得、临歧泪望，湿莲脸盈盈。

消凝。花朝月夕，最苦冷落银屏。想媚容、耿耿无眠，屈指已算回程。相萦。空万般思忆，争如归去睹倾城。向绣帏、深处并枕，说如此牵情。

兰舟承载着思念，在江水上缓缓前行。整整一日，小船并未划出太远的距离，柳永依稀还能看到通往京城的古道上红尘飞扬，芳草萋萋。落日余晖照耀着游子行人，他们正匆匆赶往汴京城，可柳永却与那里渐行渐远了。

他离开汴京时，偏赶上一个风和日丽的好天气，阳光明媚，暖风熏得人心醉，村边的野花、树木掩映着道路，送别的长亭已过，离愁顿生。

柳永情不自禁地回头遥望汴京的方向，那里有他思念的人，可是如今山水迢迢，只剩万千情事在脑海中追忆了。

他又想起分别的那一刻，两人四手紧握，泪眼凝望。她那莲花般的红艳脸庞被盈盈泪水打湿，让柳永刻骨铭心。

从此以后，每逢花朝月夕，她必定感到分外孤独，甚至可能夜夜无眠，掰着手指计算着柳永的归期。他们曾经情意绵绵，如今空有万般追思回忆，不论是谁思念谁，都不如朝夕相处那般充实。

柳永尚未走出多远，便已经心生归意。只有尽早返回，才能与日夜思慕的爱人相会。在绣帐帷幕里，他们同眠共枕，到时候，柳永再将自己别离后的万般思念和千般牵挂，对她一一诉说。

一袭漂泊的身影,隐于人海之中。京城的喧闹与繁华,柳永从未真正熟悉过,也从未真正拥有过。庙堂之上,没有他的栖身之地,唯有温柔乡里,有他的怦然心动。

花前月下，不说永远

　　人生不过一场旅行，说它短暂，却又看不到彼岸；说它漫长，却不过几寸光阴。悲欢离合、阴晴圆缺，皆是旅途上的风景。光阴本是美好的，只可惜，行走在光阴里的人无比寂寞。

　　因为孤独，所以不羁，这便是柳永。他喜欢烟花巷陌中的旖旎风流，喜欢那里的女子给予的百般柔情。她们之中有许多人，虽身陷风尘，却身不染尘，这样的女子，总能打动柳永的心，愿意用自己的笔，写她们的情：

玉蝴蝶

　　误入平康小巷，画檐深处，珠箔微褰。罗绮丛中，偶认旧识婵娟。翠眉开、娇横远岫，绿鬓亸、浓染春烟。忆情牵。粉墙曾恁，窥宋三年。

　　迁延。珊瑚筵上，亲持犀管，旋叠香笺。要索新词，殢人含笑立尊前。接新声、珠喉渐稳，想旧意、波脸增妍。苦留连。凤衾鸳枕，忍负良天。

所谓平康小巷，便是让他流连的烟花巷陌。古人常用"窥宋"来形容美貌女子对意中人的爱慕，这一典故源自战国时期宋玉所写的《登徒子好色赋》："天下之佳人，莫若楚国；楚国之丽者，莫若臣里；臣里之美者，莫若臣东家之子。东家之子，增之一分则太长，减之一分则太短；著粉则太白，施朱则太赤。眉如翠羽，肌如白雪，腰如束素，齿如含贝。嫣然一笑，惑阳城，迷下蔡。然此女登墙窥臣三年，至今未许也。"

平康小巷里，有爱慕柳永的人。柳永自比为宋玉，那爱慕他的女子，便被他比作婵娟。他们曾是旧时相识，一次珊瑚筵上再次重逢，一眼便认出了彼此。那女子眉眼含笑，来到柳永身边，手执毛笔和香笺，向柳永索要新词。柳永笑着应允，须臾便写成了，那女子立刻将新词唱成新曲，歌声深情款款，在座宾客无不叫绝。

凤衾鸳枕，见证着柳永与婵娟的缠绵。花前月下，良辰美景，他们两情相悦，却谁也不向对方承诺一句永远。风月之中的故事，鲜少有圆满的结局，青楼女子与文雅之士的爱情总是精彩的，但分别之时也总比寻常爱情更加洒脱干脆。

自从作别京城，柳永的身影便时常出现在烟花巷陌之中。他为青楼女子写词，以此为生。这一刻的柳永，不求被谁懂得，只求无拘无束。

自古以来，没有哪一个文人雅士会像柳永这般放纵。他频繁出入烟花之地，结交的大多是青楼歌伎，其实，若人生还有另一条路可以选择，柳永或许也不愿如此。他虽肯为舞姬歌伎付出真情，却未必心甘情愿将所有情感都付诸一条看不到未来的路。

可柳永又是豁达的，既然仕途走不通，索性就纵情欢畅。千万人指责柳永词句香艳，却丝毫没有影响那些词句流传于市井民间。

靠填词为生的那段日子里，柳永创作了大量慢词，彻底改变了小令一统天下的局面。他还将赋法移植入词中，每一阕抒情词，都在讲述一个故事。纵然封建卫道士千般诋毁，世人还是愿意奉柳永为"词宗"：

昼夜乐

洞房记得初相遇。便只合、长相聚。何期小会幽欢，变作离情别绪。况值阑珊春色暮。对满目、乱花狂絮。直恐好风光，尽随伊归去。

一场寂寞凭谁诉。算前言，总轻负。早知恁地难拚，悔不当时留住。其奈风流端正外，更别有、系人心处。一日不思量，也攒眉千度。

或许，柳永是在记录属于自己的一段短暂而又难忘的爱情故事，却借女子之口，写懊悔，也写相思。

他们的初次相会，便是"洞房"。对于女子来说，那是永生难忘的场景。从那一夜开始，她的全部心思便认定两人就应该永远在一起。可惜，世上之事，总是缺憾大于圆满。短短的幽会欢好之后，便是长久的分离。

事与愿违总是让人悲伤的，更何况又恰逢春景阑珊时节，对着满眼乱飘的柳絮，往日的幽欢幸福又浮现在女子眼前，再对比此时的离别之痛，便更加伤感。她忽然觉得，就连美好的春光都随他而去了，不由得心中一阵恐慌。

春归人去，一场欢好演变成一场寂寞，心中的苦恼却无法向任何人倾诉，也不宜向任何人倾诉，只有深深地埋藏在内心深处。

从前欢好时，他们海誓山盟，如今也都被轻易辜负了。自从分别，女子每天都在思念与懊悔中度过，早知如此不舍，后悔当初没有把他留住。他不仅长得风流端正，还有更让她朝思暮想的地方，那是只有她才能体会到的好处，不知此时此刻，是否还有像她一样懂他的佳人在侧。

越思越想越悔恨，女子每一天都是愁眉紧锁的。眉头锁得越深，代表思念越深，不思量时都要"攒眉千度"，那若是每日思量又该如何呢？

良辰美景之中，总有人在忍受相思的煎熬。不知那正在忍受相思之苦的女子是何许人也，或许是柳永的妻子，也或许是万千红尘女子中的一人。无论她是何人，都曾与柳永经历过一场美丽的相遇，到后来，只剩形单影只。

又或许，柳永写的根本不是女子，而是他自己。他总有款款深情，又不曾为任何一个女子驻足。对他而言，相逢总是最美的，别离也没什么好遗憾。若长相厮守换来的是平淡无趣，不如一夕欢愉回味悠长。

若说柳永的人生里，有什么比相逢更美好，那或许便是重逢：

秋夜月

当初聚散，便唤作、无由再逢伊面。近日来、不期
而会重欢宴。向尊前、闲暇里，敛著眉儿长叹。惹起旧
愁无限。

盈盈泪眼。漫向我耳边，作万般幽怨。奈你自家心
下，有事难见。待信真个，恁别无萦绊。不免收心，共
伊长远。

从前来江南，柳永也是像如今一样，几乎夜夜流连坊间。
那时，曾有一歌伎与柳永十分相好，后来因柳永回京赴考，
两人不得不分别。这次重回江南，柳永没有刻意寻找当年的
任何一个旧相识，却与那歌伎在一场酒宴上不期而遇。

当初分别时，柳永以为他们从此再无缘相见。此时突如
其来的一场重逢，勾起了多少旧时回忆。那歌伎在人前没有
表露出任何久别重逢的激动，一副若无其事的样子，陪着别
人饮酒作乐。

柳永也不愿张扬，压制着自己的喜悦之情。他以为，那
歌伎已经放下了过往，可是，在无人之处，空闲之时，那歌
伎却愁眉不展，长吁短叹，看起来如此楚楚可怜，柳永便知，
她心中依然有所眷恋，自己对往日之情的无限愁思也因此再
也压制不住，多少情意绵绵，又开始蠢蠢欲动。

久别重逢，竟是沉默的。他们一个愁情满怀，一个皱眉
叹气，各有苦衷，有苦难言。重逢若是僵局，终究还是要有
一人主动，才能重回往日温馨。主动打破僵局的人是那歌伎，
她泪眼盈盈，走向柳永，抛开所有羞怯与尴尬，不顾一切地

向柳永倾诉衷肠，倾诉着自他走后，她心中的万种怨恨。嘴上说着怨恨的话，眼中的泪水却出卖了她的真情。

柳永看得出那歌伎对自己余情未了，却也听出她的话中还有难以言说的隐情，因此对她的倾诉也将信将疑。其实，身为歌伎，有太多身不由己。她一面深爱着柳永，又不得不和别的男人逢场作戏。柳永心中暗想，若是有一天，她能不顾一切，割断所有羁绊，自己便收起猜疑之心，和她长久相爱，否则，他们的结局注定是聚而复散。

然而，身为歌伎，哪能真正摆脱一切羁绊？所谓的重叙旧情，相爱到永远，也不过是美好的期许罢了。

花前月下，终将离别，故事的最初总是相聚，故事的结尾总是天涯两地。这是大多数风尘女子的宿命，聚短离长，留下的都是懊悔与回忆。柳永替她们写下一页页香笺，既写她们无处安放的相思，也歌颂她们绚烂的青春，感叹她们悲剧的人生。

青楼女子的故事，似乎永远都讲述不尽。她们的花期往往短暂，太多人被裹挟在流年里，转瞬便没了声息。唯有柳永，愿意发掘她们无法为外人道来的真情，再回馈以温情，过问她们的冷暖，记录她们的悲喜：

法曲第二

青翼传情，香径偷期，自觉当初草草。未省同衾枕，便轻许相将，平生欢笑。怎生向、人间好事到头少。漫悔懊。

细追思，恨从前容易，致得恩爱成烦恼。心下事千

种，尽凭音耗。以此萦牵，等伊来、自家向道。洎相
见，喜欢存问，又还忘了。

故事中的青楼女子总是如此，尚未清楚为何同衾共枕，
便轻易许诺出终生，温存过后，留下的只剩剪不断、理还乱
的痴心。属于她们的美景终究还是太少，一颗错付的真心，
只能在岁月中荒芜。

柳永的字里行间皆是真情，尽管那些俚俗的词语不被礼
教所容，但柳永写得坦荡。风花雪月之地，唯有他的情意
绵长。

他乡亦归途

光阴从不为任何人停下脚步，当再次回首，所有悲欢喜乐都成了过去的故事。有人永远停留在故事里，有人不甘心留在原地，走出故事之外，寻觅新的故事。

在人世间行走了四十余年，柳永也说不清哪里才是真正的故乡。无论崇安还是汴京，都不曾给过他些许归属感，反而是异乡江南，每一次都能接纳他的欢喜，包容他的忧伤，让他觉得自己仿佛前生就属于这里。

在这烟雨朦胧之地，柳永愿意停下自己的脚步，青楼里花前月下的欢愉，虽荒唐，却真实。秋风萧瑟，总让人徒生伤感，更生思念：

忆帝京

薄衾小枕凉天气，乍觉别离滋味。展转数更寒，起了还重睡。毕竟不成眠，一夜长如岁。

也拟待、却回征辔；又争奈、已成行计。万种思量，多方开解，只恁寂寞厌厌地。系我一生心，负你千行泪。

天虽未寒，却已秋凉。柳永的一场小睡因被子太薄而被冻醒，一种难以名状的离别滋味突然涌上心头。他本以为只要再次睡去，离愁便会化解，谁知辗转反侧，竟再难成眠。他默默地细数着寒夜里的敲更声次，依然无济于事，索性起身，却又不知该做些什么，只好又重新躺下。

　　如此反复折腾了几次，柳永还是没能睡着，他只觉这一夜格外漫长，睁着眼睛感受着时光流淌，竟仿佛过去了整整一年。

　　在汴京的时候，柳永几乎从未得到过什么，功名利禄都悬在他触碰不到的高度，可那里毕竟繁华，也只有那里才有他渴望得到的一切。于是，离开汴京只有短短数月，柳永便开始想念那里。在这个寂静无人的深夜里，他有了些许归意。

　　那一刹那，柳永几乎有了立刻返回汴京的念头，然而，既然已经上路，又怎能轻易无功而返呢？究竟是留下还是归去，在这个漫长的夜里已成为柳永的纠结与矛盾，思绪百转千回，身为游子的他不知如何决定。

　　他想念汴京，也想念汴京的人。这一夜，千万种思量在他脑中闪过，也试图用各种方法开解自己，依然找不到出路。柳永无奈作罢，既然当下不知如何是好，便索性百无聊赖地过下去吧。

　　那个远在汴京的人，被柳永默默放在心里。他想要一生一世将她系在心上，却又不得不忍受分别之苦，她那流不尽的伤心泪，也只能暂时辜负了。

　　人生聚散无常，有相聚便有别离。江南烟雨如画，柳永只要一觉醒来，便能人在画中，离愁别绪便也被冲淡了。

苏州是柳永此行的落脚之地。多年前，年少恣意的他曾在这里纵情风月，往返流连。如今，苏州还是当初那般多情的模样，柳永却不复当年的心境。人过中年的他，满心凄凉，行走在苏州的街头巷陌，便仿佛重新走进了回忆里。那回忆里有太多欢乐，却越回忆越神伤。

江南的春花秋月，永远都是旖旎温柔的模样，仿佛人间风雨根本摧残不了它的平和。带着满身风尘的柳永，出走半生，重回故地，却不再是少年。

那些给予他温情的江南女子，他一个都不曾遗忘。如今，他用"奉旨填词"四个字嘲弄着自己，反而让自己的才名更被天下人熟知。风月小楼里，月光无数次透过窗棂，映出柳永拿着笔的身影。他为每一个能令自己付出真情的女子填词，每一个韵脚都饱含绵绵情意：

殢人娇

当日相逢，便有怜才深意。歌筵罢、偶同鸳被。别来光景，看看经岁。昨夜里、方把旧欢重继。

晓月将沉，征骖已备。愁肠乱、又还分袂。良辰好景，恨浮名牵系。无分得、与你恣情浓睡。

世人说他词句艳俗，他偏要写得露骨。男欢女爱，本就是美好的事情，只是有些人脏了心，看在眼里的便只剩污浊。

在苏州，柳永又与昔年相识的歌伎重逢。他还记得，初次相遇时，自己便深深爱惜那歌伎的才华。一场歌舞宴席结束，两人便双宿双栖，互许真心。直到柳永第一次回京赴考，两人才断了联系。如今算来，一别经年，就连柳永自己都算不清楚究竟过了多少日子。

此番重逢，自然又是一番欢好。可惜，柳永并未打算在苏州驻足。晓月将沉之时，天已蒙蒙亮，柳永已经决定继续踏上行程。

分别总是令他不舍，因为不舍而顿生愁肠。因为心怀对功名的渴望，他此生注定无法继续沉醉在良辰美景之中了。柳永认为自己与那歌伎虽有缘相识，却无分相守，就连纵情酣睡到日上三竿的资格都没有。

天尚未大亮，柳永便骑马上路。他步履匆匆，只因心中还有惦记。苏州名胜古迹众多，柳永既然不打算在苏州长期停留，便要用最短的时间遍访名胜，凭迹怀古。

早在春秋战国时期，苏州是吴国之地，吴王夫差为父报仇，大败越王勾践，接受了越国的投降，将越国收为属国。越王勾践为吴王夫差做了两年奴仆，被释放回国之后，卧薪尝胆、粗食布衣，奋发图强，终于一雪前耻，剿灭吴国。

勾践的隐忍与智谋，令多少文人志士折服，柳永也不例外：

双声子

晚天萧索，断蓬踪迹，乘兴兰棹东游。三吴风景，姑苏台榭，牢落暮霭初收。夫差旧国，香径没、徒有荒丘。繁华处，悄无睹，惟闻麋鹿呦呦。

想当年、空运筹决战，图王取霸无休。江山如画，云涛烟浪，翻输范蠡扁舟。验前经旧史，嗟漫哉、当日风流。斜阳暮草茫茫，尽成万古遗愁。

徜徉在三吴美好的自然风光里，柳永却生出怀古伤今的忧思。傍晚时分，天空蒙上一层薄暮，散发出萧索的凉意，让人倍觉寂寞。此时的柳永，觉得自己就像无根的蓬草，四处飘飞，浪迹天涯，兴致一来，便乘船向东游荡。

他一路向西南，来到姑苏山，三吴风景、姑苏亭台历历在目，那些亭台楼榭早已稀疏零落，笼罩在沉沉的暮色中，远不及从前华丽。

曾经，这片美丽的土地都属于吴王夫差所有。可是当年的御阶宫道早已被乱石衰草埋没，只留下一座座荒凉的小山冈。昔日的繁华景象早已灰飞烟灭，只听见麋鹿的阵阵哀鸣缭绕荒丘。世人常用麋鹿游姑苏台比喻亡国，不知柳永是否真的听见了麋鹿哀鸣，但身处此情此景，的确引发了他的怀古之思。

历史兴亡，总是令人慨叹。怀想当年，吴越争霸之时，夫差身为堂堂一国之君，却不懂审时度势，徒然运筹帷幄，战斗无止无休，这才招致了灭国之灾。当年吴国大败越国之后，越王勾践对吴称臣，刚愎自用的夫差不肯听从伍子胥的劝说，将勾践放虎归山，为自己埋下了亡国祸根。之后，夫差又不肯休养生息，频频出师北伐，与齐国、晋国等北方诸国争夺霸权，劳民伤财。而越王勾践却趁机励精图治，积蓄力量，最终凭借强大的军事力量反攻吴国。夫差仓皇败退，最终落得身死国亡的下场。

吴国江山如画，夫差却将如此大好河山拱手送人。曾经威风凛凛的一代君王，最终竟不如坐着小船远游的范蠡。回想前朝旧史，多少风流人物，就这样灰飞烟灭了。斜阳之下，衰草连天，历史的长河里，涌动着无尽的千古遗愁。

柳永感叹，在历史的长河里，人的绵薄之力，只犹如沧海一粟，那样弱小，那样微不足道。而他自己，不过是这滚滚红尘中一粒小小的尘埃，未来的命运如何，他自己根本无法掌控，实在悲哀。

每当提及吴越争霸这段故事，有一个人永远都不能被忽略，那就是美人西施。当年，越王勾践正是利用西施的美貌，对吴王夫差实施美人计，消磨夫差精力，使其不问政事，这才加速了吴国的灭亡。

柳永同样感叹西施的命运，那个有着闭月羞花之貌的绝世红颜，同样也掌控不了自己的人生：

西 施

芣萝妖艳世难偕。善媚悦君怀。后庭恃宠，尽使绝嫌猜。正恁朝欢暮宴，情未足，早江上兵来。

捧心调态军前死，罗绮旋变尘埃。至今想，怨魂无主尚徘徊。夜夜姑苏城外，当时月，但空照荒台。

相传西施为苎萝山鬻薪者之女，世人便用"苎萝"代称西施。那样美艳无双的一个女子，沦为君王权谋中的一颗棋子，她即便不愿，又哪有拒绝的权利？她只能利用自己的美貌，获得夫差的宠爱，魅惑夫差疏于理政，给越国大军过江进犯的机会。

有人说，吴国亡国后，西施被范蠡所救，两人一同泛舟江上，成为一对神仙眷侣；也有人说，西施在战乱中香消玉殒，化作尘埃。曾经盛开得那样娇媚的一朵花，最终也归于沉寂，自古红颜多薄命，越是美丽的女子，越难得到圆满的结局。

　　柳永感叹西施，也感叹自己。他不是一个善用权谋之人，即便走上仕途，也学不会官场上的相互倾轧与算计。可是，求仕依然是他心中的执念，离开汴京的日子，他每一天都在期待着有朝一日再踏上归途。

第六章

扬眉·却返瑶京，重买千金笑

久作天涯客

才子词人，白衣卿相，趁闲散之身未老，寻觅一段逍遥。那些微小的虚名薄利，得失皆由因缘，与其苦苦为之忙碌不停，不如趁年华正好，大醉一场。

细细算来，柳永的人生已经过半，大部分时间里，他都是失意的，总被忧愁风雨所扰。如今，在江南的清风皓月里，他才终于享受到人生的宁静，千杯美酒，一曲优雅，暂且逍遥。

漫步于淅淅沥沥的江南烟雨中，柳永任由时光静静流淌，说不尽的悠然。视线随意安放，便是一幅如画美景，即便是轻轻从身旁走过的江南女子，都是画卷中的一抹亮色。

在江南的生活，就像一个静谧的梦，如果人生可以选择，柳永愿意永远留在这梦境里，感受最安稳的人间烟火。

可惜，他注定是个过客，若一定要为柳永寻找一个人生主题词，那一定是"漂泊"。

作别苏州，柳永又来到杭州。那是天圣三年（1025 年）的春天，正是草长莺飞的时节。他本带着寥落之心而来，却被比画卷更美好的江南春景治愈了。那一刹那，柳永竟有了几分少年时初到江南的疏狂意气：

夜半乐

艳阳天气，烟细风暖，芳郊澄朗闲凝伫。渐妆点亭台，参差佳树。舞腰困力，垂杨绿映，浅桃秾李天天，嫩红无数。度绮燕、流莺斗双语。

翠娥南陌簇簇，蹑影红阴，缓移娇步。抬粉面、韶容花光相妒。绛绡袖举。云鬟风颤，半遮檀口含羞，背人偷顾。竞斗草、金钗笑争赌。

对此嘉景，顿觉消凝，惹成愁绪。念解佩、轻盈在何处。忍良时、辜负少年等闲度。空望极、回首斜阳暮。叹浪萍、风梗知何去。

阳光明媚的春日里，四处弥漫着和煦的春意，广袤原野尽涂上一层春色，柳永仁立在美丽的春景中，凝望着眼前的一切美好。

春天的到来将亭台树木装点得焕然一新，树木焕发出蓬勃生机，柔枝渐伸，嫩叶舒展，越发鲜活生动。

杨柳仪态袅娜，色泽清嫩欲滴；桃李妖娆娇艳，与垂杨之绿相映成趣。呈现在柳永面前的，分明就是一幅色彩鲜明耀眼的绿树繁花图。燕子展翅斜飞，黄莺舞姿轻盈，它们穿梭于垂杨桃李之间，双双相对召唤，歌喉婉转，灵气十足。

在这样一个生机无限的艳阳天气里，一群美丽的少女正在春景中踏青。年轻的少女无须浓妆艳抹，只画一对如黛长眉，便已足够秀丽。她们热热闹闹地从远处走来，慢慢地移动着脚步，徜徉在桃李树下，身影在花荫中飘动。

直到少女们渐渐走近，柳永才真正看清她们的容貌。她们个个姿容姣好，轻轻抬起粉面，就连艳丽的桃李之花都忍不住嫉妒她们的美貌。

她们也注意到了柳永的存在，不免有些娇羞，轻轻举起衣袖，遮住半张脸，从柳永身边走过，又忍不住回头偷偷观望，尽是小女儿情态。

少女踏青都喜欢斗草，各人挑选坚韧的草梗，交叉在一起相互拉扯，拉不断的即为胜者。她们斗草斗得激烈，一片欢声笑语，还纷纷摘下头上的金钗作为斗草的赌注，那样无忧无虑，活泼可爱。

这样一幅少女斗草图，胜过多少美景。陶醉于佳景之中的柳永，竟忘掉了自身的存在。可惜，陶醉是短暂的，他立刻又回到了现实，眼前的艳阳春色、双双莺燕、粉黛红颜，反而惹出了自己满怀愁绪。

这些少女，让柳永想念起那个曾经"解佩"相赠的恋人，她也像这群少女一样身姿轻盈，如今却已不知在何处。双双莺燕度柳穿花，正应一对情侣双双欣赏，可柳永却独自一人，既辜负了心上人，也辜负了良辰美景，即便不忍辜负，也不得不辜负。

回首前尘，柳永不禁极目远望，可眼中看到的却是令人伤心的"斜阳暮"。心上人随前尘消逝，即便回想也是徒劳。柳永感叹此时的自己就像浪中之萍、风中之梗，前途渺茫，也不知未来该向何处去。

从疏狂到迷茫，柳永的情绪转变只在刹那之间。身无功名，流浪在天地之间，让他如何不怅惘凄凉。

漂泊之人，容易对景伤情。伤春悲秋，仿佛已成了柳永的天性，春日已逝人易老，那是只有羁旅异乡的人才懂的悲伤。

烟花巷陌里，留下过柳永的欢笑；漂泊之路上，也留下过他的迷茫。花香鸟语，都能触动情肠，当黄昏降临，夕阳的余晖都沾染着几许落寞。

柳永决定继续在江南漂泊，虽然一颗心无处安放，但至少灵魂是充实的。于是，他又来到会稽，去广慈禅院听佛音，去会稽山兰亭寻觅古时文雅之士的足迹，去感受一下王羲之当年撰写《兰亭集序》时是怎样的悠然快意。

他有些羡慕那些呼朋引伴的人们，与志同道合的人在一起诗酒人生多快慰，可柳永却很少有这样的机会。能真正与他交心的朋友少之又少，也曾有人仰慕他的才名，愿意与他结交，可当越来越多的文雅之士对柳永恶意评说的时候，那些所谓的朋友也对柳永敬而远之了。虚假的友情太廉价，柳永消受不起。到头来，无论是秦楼楚馆之中买醉，还是异乡之路上漂泊，柳永总是形单影只。

深秋时节，柳永又回到杭州。秋景萧瑟，不同于春景，伫立江楼之上，柳永眺望远处暮山秋水，心境有些凄凉：

诉衷情近

雨晴气爽，伫立江楼望处。澄明远水生光，重叠暮
山耸翠。遥认断桥幽径，隐隐渔村，向晚孤烟起。

残阳里。脉脉朱阑静倚。黯然情绪，未饮先如醉。

愁无际。暮云过了，秋光老尽，故人千里。竟日空凝睇。

雨声滴答，落在心上，激起无边愁绪。眼前的一切都是美的，水色澄明，青山叠翠，炊烟袅袅，都是人间最美好的模样，却丝毫不能为柳永带来快乐。他的心是孤独的，独自倚靠在江楼之上，情绪黯然，尚未饮酒，便已似醉，愁绪也趁机蔓延。

秋日将尽，这一点点的秋色也即将被严冬摧残。柳永的心里空落落的，满腹忧伤与委屈竟无人可以倾诉。那些愿意听他倾诉的故人都远在千里之外，他纵然用尽全身力气向他们所在的方向眺望，也根本不可能看到他们的身影，只是徒劳罢了。

不知从何时开始，柳永变得无法安睡。羁旅之情与相思之苦反复交织，折磨得他夜不能寐。

他本以为，只要睡前把自己灌醉，便能借助酒意睡到天明，可当一缕寒风透过窗棂吹进房中，吹熄了那一盏孤灯，柳永便知道，就连酒精都无法让自己睡得深沉了。

夜半酒醒，本就凄凉难耐，又逢夜雨，滴滴落在屋外台阶上，那声音更让柳永觉得孤寂。可叹柳永孑然一身，迁延漂泊，沦落天涯，辜负了当时与佳人的海誓山盟，也辜负了她们的真情。孤寂的夜里，柳永回忆起从前与心爱之人欢会的场景，更显得自己此刻的孤独忧戚。

愁闷至极的柳永，反复回忆当初与心爱的歌伎相识、相爱的过程，花前月下，尽情欢好。他对那歌伎百般疼爱，千般亲昵，万种柔情。鸳鸯被下，他们缠绵无尽，相依相惜。

很长一段时间，他们都是这样欢乐地度过的，这也让柳永在与她分别之后对她格外想念。

那天晚上，柳永听着更漏之声，睁着眼睛看长夜渐渐消散，他有些后悔不该轻易离别，虽然他离开京城既是为了散心，也是为了寻找更好的前程，但让两地相思隔绝千里，想来还是觉得有些委屈。

他也不知道自己何时才能重返京城，但已经在心中暗暗发誓，到时候，要将她拥在怀里，如胶似漆，共度欢情。帷帐之下、玉枕之上，他要轻轻向她讲述自己在这寒江水乡夜夜难眠的场景，也要让她知道，自己每天晚上数着寒更把她惦记。

天色刚刚微亮，柳永便披衣起身，把自己的思念记录在纸上：

祭天神

欢笑筵歌席轻抛亸。背孤城、几舍烟村停画舸。更深钓叟归来，数点残灯火。被连绵宿酒醺醺，愁无那。寂寞拥、重衾卧。

又闻得、行客扁舟过。篷窗近，兰棹急，好梦还惊破。念平生、单栖踪迹，多感情怀，到此厌厌，向晓披衣坐。

汴京那曾经满是欢歌酒筵的生活，都被柳永抛弃了。在这个远离京城的地方，柳永感受着刻骨铭心的孤寂，陪伴着他的，唯有数点将熄烛火。

因为一夜无眠，他能听见外面发生的一切。夜半更深时分，垂钓的老叟回来了，没过多久，又有人乘坐小船经过，那船上或许坐着的是远行之客，船桨划破水面的声音那样急促，再次惊醒了几乎已经重新入睡的柳永。

　　他这大半生，孤独栖息，漂泊不定，又相思绵长。离开一处荒凉地，却又堕进孤寂的深渊。如今想想，汴京也没有那么糟糕，至少在那里的日子，他无须漂泊。

长安古道马迟迟

时光如水静静流淌，带走多少过往，那些留下的也早已不是原来的模样。岁月能磨平人生的棱角，洗去浮华，回归淡然的底色。年岁的增长，并不只意味着衰老，虽然遗失了年华，却也懂得了生命的厚重。

五年漂泊，并未让柳永放弃对仕途的执着。此刻的他身心俱疲，太想回到那座熟悉的城，寻找梦的归宿。

于是，他上路了，一路向北，走走停停。离汴京越近，往事便越清晰。汴京留给柳永的大多是伤心事，他本以为自己想要彻底逃离这个地方，可当再次踏上熟悉的长安古道，他才发现，自己竟如此渴望归来，也只有这里，才能为他提供圆梦的机会。

汴京城就在前方不远处，只要再赶几日的路程，柳永便能重新踏上那片熟悉的土地。这一夜，柳永投宿在客栈里，久未安睡的他，竟然难得地享受了一夜安眠。只可惜，邻家的鸡早啼，打断了柳永的好梦。他虽有些遗憾，却并不伤感，索性早早起身，继续挥鞭赶路。

那是天圣七年（1029 年）的秋日，天尚未破晓，月色已经朦胧，路边的枯草在暗淡的月光下仿佛笼罩着一层轻烟，柳永却未觉凄凉，一心只急着赶路。

马蹄声急，穿过霜林，跑得飞快。初晓的风吹着马儿佩戴的鸣珂叮当作响，惊醒了枫林中栖息的鸟，它们急匆匆地扇动翅膀飞离栖息地，或许是把这急促的马蹄声当成了未知的凶险。

疾驰在长安古道上，马蹄激起一路尘埃。自古以来，长安道是士人求仕游宦的必由之路，人们常以"长安道"来比喻求仕之路。对于柳永来说，无论是现实中的长安道，还是象征着仕途的长安道，行路的过程都有些过于艰辛。

这一路上，柳永每晚投宿在寂寞荒凉的孤村里。此刻前方又有一座孤村出现在眼前，柳永却不打算在这里停留。天光尚未大亮，柳永回头向南张望自己走过的路，只见一片空阔无际。

可惜壮年美好的年岁，分离多而欢聚少。柳永回想这大半生，自己大多是在辛苦劳累的漂泊之路上度过的，他觉得自己就像折断的苇梗，漂浮在水面上，不知何时才能停息。

转眼之间，又是一日行程，从破晓赶路到日暮，柳永眼前已经出现了傍晚的云霞，且渐渐变得幽暗。天色将晚，人将岁暮，年过四十的柳永实在算不上年轻了，可他毕生所求还尚未实现，这低沉的情绪、悲伤的心事能向谁倾诉？这样为仕途而奔走的人生又何时能够终了？

其实，柳永并不愿像这样为了功名四处奔走，可是一日不获得功名，他又觉得人生称不上圆满。这次返京，他还是为了科考，可内心深处，他还是向往着自由的生活，一想到京城的秦楼楚馆中还有等着他博取欢心的美人，便又加快了赶路的脚步。

直到天色彻底暗下去，柳永才找到一处荒村投宿。借着一盏微弱的油灯，柳永摊开随身携带的文房四宝，伏在小桌案上记录这一日赶路的心境：

轮台子

一枕清宵好梦，可惜被、邻鸡唤觉。匆匆策马登途，满目淡烟衰草。前驱风触鸣珂，过霜林、渐觉惊栖鸟。冒征尘远况，自古凄凉长安道。行行又历孤村，楚天阔、望中未晓。

念劳生，惜芳年壮岁，离多欢少。叹断梗难停，暮云渐香。但黯黯魂消，寸肠凭谁表。恁驱驱、何时是了。又争似、却返瑶京，重买千金笑。

一路疾驰，柳永终于回到了阔别五载的汴京。此时的汴京，比柳永离开之前更加繁华，就连行走在街巷中的百姓，满脸都是灿烂的神色。可不知为何，柳永竟没有参加第二年的春闱，不知当年那道"且去填词"的旨意是否还阻碍着柳永的仕途之路。

总之，此次返京的柳永，还是没能圆梦。此时已是和煦春日，陌上花开鲜艳，走在繁花巷陌中的柳永，心底却难掩凄凉。

不知不觉，柳永来到一处熟悉的青楼，这里有他的两位红颜知己——彩凤与朝云，他特意前来探访，既是叙旧，也是消磨时光。可是，彩凤和朝云不知为何已搬走了，柳永向青楼中的其他女子打听，竟无人知道她们的去处。

此时本是春光明媚的时节，清晨的汴京城沐浴在灿烂春景之中，花草掩映着计时的漏壶，清晨的露水刚刚被初升的太阳晒干，烂漫春光里，柳永却不复烂漫的心情。

他原本是最喜欢春末夏初的，这个季节烟雾轻盈，昼长夜短，整个京城的园林中都缭绕着黄莺的啼唱，鱼儿在水塘中自在嬉戏，杨柳低垂，芳草萋萋，本应该一切都是美好的。

可是，熟悉的人却再也无处寻觅。柳永还是无比留恋在京城妓馆酒寮中的浪荡人生，那些舞姬歌伎的歌舞与笑靥最让他沉迷。其实，与其说柳永是在怀念红颜，不如说他是在怀念那段美好的时光。偏偏现实最伤人，一别经年，他本打算重回故地，寻回往日的欢笑，可惜桃花依旧，故人已不知身在何处，只剩朱扉悄悄关闭，默默伫立在门前的柳永，满心凄楚惆怅。

唐朝时期，诗人崔护曾在清明节独自游历长安城南一带，看到一所庄院花木繁盛茂密，便敲门求水喝。一个女子开门，端来一杯水，并为崔护"设床命坐"，自己却靠在小桃树的斜枝旁站着，含情脉脉。第二年清明，崔护又前往城南拜访，再次叩门却无人应答，崔护失望，便在门上题了一首诗，题为《题都城南庄》："去年今日此门中，人面桃花相映红。人面不知何处去，桃花依旧笑春风。"

此时的柳永，就如当年的崔护一般，感受着物是人非的无奈。寻访故人不得，心中的怅惘和凄凉无以言表，崔护以诗寄情，他便以词抒怀：

满朝欢

花隔铜壶，露晞金掌，都门十二清晓。帝里风光烂漫，偏爱春杪。烟轻昼永，引莺啭上林，鱼游灵沼。巷陌乍晴，香尘染惹，垂杨芳草。

因念秦楼彩凤，楚观朝云，往昔曾迷歌笑。别来岁久，偶忆欢盟重到。人面桃花，未知何处，但掩朱扉悄悄。尽日伫立无言，赢得凄凉怀抱。

年华易逝，美景无常，本就让人伤怀，柳永又联想到自己多年漂泊，客居他乡，如今重回故地，却完全寻觅不到旧时光景，更觉人生苍凉。

帝里风光，依然烂漫，却并不属于柳永。他似乎再也没有继续留在汴京的理由，回来不到一年，便又匆匆离去，带着满心孤寂，重新奔向远方。

离京之路上，柳永又经过长安古道。去年归来时是秋日，今年离开时又是秋日，这样萧索的季节，柳永总是在路上，或许这也代表了他的人生，总是悲苦而又寥落：

少年游

长安古道马迟迟，高柳乱蝉嘶。夕阳鸟外，秋风原上，目断四天垂。

归云一去无踪迹，何处是前期？狎兴生疏，酒徒萧索，不似去年时。

柳永的才情，不只体现在长调慢词上，这样一阕小令竟也极富意境。寥寥数十字，便已将"秋士易感"的失志之悲表达得淋漓尽致。

因为家世影响，柳永从少年起便一心求仕，可是，他本性是个浪漫之人，很难一门心思沉浸在追名逐禄当中。早年落第时，他尚且还能故作狂放，自己排遣。如今年华老去，柳永对于冶游之事也不再像当年那般兴致满满。于是，希望落空之后，他越发觉得梦想失去了寄托之所，既悲伤，又愤慨。

再一次踏上长安古道，柳永远不似去年归来时那般志气满满，曾经那份高远飞扬的意兴荡然无存，对京城的眷恋也消散了。眼前的秋景是低沉萧瑟的，去年归来时，他策马飞奔；今年离开时，他却"马迟迟"。

追名逐利的长安道，他走得太坎坷。对于求取功名，他也早已灰心淡薄。秋蝉在树上高声嘶鸣，将脚步迟缓的柳永衬托得越发凄凉。

飞鸟隐没在长空之外，夕阳隐没在飞鸟之外，渐渐沉落，渐渐萧瑟。日暮之时，郊外的荒原旷野上寒风四起，失志落拓的柳永，不知何处才是自己的归处。他举目眺望，双目望断，也没能找到一处可以投宿的地方。

一切希望与快乐都已消失，且不可复返，天下之事变化无常，就像天边的云一样。白居易说"去似朝云无觅处"，柳永则说"归云一去无踪迹"，旧日的愿望与期待双双落空，且无处寻觅。

此时的柳永已经四十七岁，年少时寻欢作乐的兴致早已淡薄，当初与他一起歌酒流连的朋友们也都大多凋零。青春不再，一无所成，这都是柳永悲哀与叹息的缘由。他的兴致与健康皆已衰损，甚至已经有了一年不如一年之感，再也不能像少年时一样狂放不羁了。

这一次离开，柳永不打算再去江南，而是一路向西，奔向落日孤城。漫漫长安道，他走得悲伤，走得孤独。这一生，哪怕走遍万水千山，他也注定形单影只。

万家灯火照残年

    落拓的人行走在路上，寂寞是唯一的行囊。古道西风瘦马，足迹烙印着沧桑。凌乱的往事本就让人感伤，看不清前路的旅程更是凄凉。

    前事只供凭吊，未来并不可期，这便是最无奈的人生。余生很短，禁不起蹉跎，漂泊在路上的柳永有些醒悟，与其沉浸在悲伤中感叹人生如梦，不如忘却悲喜，去陌生的地方体会不同的人生。

    这一次，柳永舍弃了江南，一路向西北方向漫游。呜咽的西风裹挟着沙尘，催老了秋景。柳永不怕西行之路漫长，孤单的旅程刚好可以让他静静地聆听光阴的低语。

    多少个苍茫暮色里，一抹斜阳将他单薄的身影拉得很长很长。或许柳永也曾想过，就这样走下去，走过沧海桑田，永不停歇，直到生命终止的那一刻，不悲不喜，忘却惆怅。可世上有几人能不被悲喜左右？行走在红尘中，身在俗世里，情绪便总被拉扯着，在平静中生起波澜。

    从汴京走到陕西渭南，柳永几乎走过了大半个秋天，终于在清秋薄暮时分，他见到了雨中的长江。

雨后江天，澄澈如洗。柳永登临高处，伫立在江对面，看着潇潇暮雨，听着雨声。暮雨洗涤了清冷的残秋，也洗涤了柳永这一路的风尘。渐渐地，雨散云收，凄冷的寒风和着潇潇暮雨紧相吹来，关山江河都冷落了。残阳的余晖映照着柳永所在的江楼，却带不来丝毫暖意。渐急的秋风吹得柳永身上发冷，眼中看到的景色也是一片凄凉。深秋雨后的西北苍茫辽阔，身为天涯客的柳永突然因这悲凉的景象心生感伤。

　　自然界的变化最能引起柳永的感触，更何况此刻的他身在异乡为异客，情感本就脆弱。他目之所及之处，尽是花残叶败，仿佛世间美好的万物都在凋零，这份悲哀实在难以排解。花木有情，人亦有情，唯有长江水无语东流，无情地带走韶华。

　　柳永虽离京远行，但却无时无刻不在思念着京城。这份矛盾之情折磨了他多年，始终没能找到化解的方式。因为思念汴京，柳永几乎不敢登高远眺，生怕引出更多思念京城的矛盾心理。

　　这次登上江楼，柳永还是情不自禁地眺望汴京所在的方向，可是又望而不见，看到的只是那些引起思乡之情的凄凉景物，让柳永那颗思乡的心更迫切难以自抑。

　　柳永曾无数次扪心自问，这么多年来，自己落魄江湖，四处漂泊，究竟是为了什么？有家难回，柳永心中有恨。其实，他心中知道答案，却又不愿说出来，只能任思绪千回百转，心中的凄楚写在脸上。

　　汴京城里还有思念着柳永的佳人。柳永知道，她一定每天都登上江边画楼，盼着他乘船归来，也一定错认了许多条船，一次又一次地失望。无数次希望与失望过后，她一定会埋怨柳永，怨他不想家。却不知，此刻的柳永正在倚高楼眺望，满心都是思念家乡的苦闷。这苦闷无人诉说，只能化成词句：

八声甘州

对潇潇暮雨洒江天，一番洗清秋。渐霜风凄紧，关河冷落，残照当楼。是处红衰翠减，苒苒物华休。惟有长江水，无语东流。

不忍登高临远，望故乡渺邈，归思难收。叹年来踪迹，何事苦淹留？想佳人妆楼颙望，误几回、天际识归舟。争知我，倚阑干处，正恁凝愁！

此行万里，形单影只，再没有哪一个地方能让柳永心甘情愿地长久驻足。游罢陕西，柳永又前往益州，来到西南重镇成都。

三国枭雄三分天下，蜀地便是其中之一。蜀地自古人杰地灵，地处井宿之分野，其地有大、小剑山，地势雄伟，地理位置险要，是控制西夏国的一道天然屏障。

作为蜀地重镇，成都有着优越独特的地理位置。锦官城内，风物奇异美妙，城中蚕市也是一派繁华景象，处处皆有舞榭歌台，城中的歌声、曲声、喧闹声不绝于耳。走在成都市井，柳永最直接的感受便是热闹。城中充斥着来来往往的游人，他们的装扮或雅或俗，在街头巷尾往来穿梭，其中不乏一些衣着华丽的富家子弟，还有一些艳丽娇媚的女子，行走在街头，本身就是一道亮丽的风景。

古时蜀地以蚕丝著称，丝织业最为繁荣。按旧俗，每年春时，州城及属县循环一十五处有蚕市，正所谓"锦里蚕市，满街珠翠，千万红妆"（韦庄《怨王孙》）。

春日总是最热闹的季节，除了蚕市，成都每年三月还有"摸石"旧俗。想要求子之人，皆在此时前往海云山摸石，得石者寓意生男，得瓦者寓意生女。

成都西侧有浣花溪，唐代大诗人杜甫的故居浣花草堂就位于浣花溪旁。那里风景如画，游人如织，热闹着，也欢快着。

此时担任益州太守的是田况，他比柳永年轻二十余岁，柳永却早就听说过田况的才名。据说，田况共有兄弟八人，在父亲的严格教导下，个个有名望。田况是长子，从小志向远大，喜爱读书，记忆力尤其好，做文章下笔即成，且意博辞丽。当年田况参加科考，曾获得"赐同学究出身"，可田况不屑于这一头衔，继续埋头苦读，几年后终于考中进士甲科。

自从田况担任益州太守以来，政治清明，四境无事，百姓安居乐业，万物都处于和谐状态。在田况的治理下，蜀地局面稳定，政通人和，教育感化民众，使四方安定。柳永最敬佩这样的官员，就在不久之前，田况刚刚被另授重任，即将离开蜀地调回朝廷，柳永觉得这样的人才在朝廷里必有所作为，用不了多久还会再度升迁。

想到此处，柳永忽然觉得这是自己一次投谒的好机会，若是能得到田况的几句举荐，自己或许也有入仕的希望。于是，柳永写下一首投谒词，既歌颂蜀地风光，也歌颂田况的功绩：

一寸金

井络天开，剑岭云横控西夏。地胜异、锦里风流，蚕市繁华，簇簇歌台舞榭。雅俗多游赏，轻裘俊、靓妆艳冶。当春昼，摸石江边，浣花溪畔景如画。

梦应三刀，巧名万里，中和政多暇。仗汉节、揽辔澄清。高掩武侯勋业，文翁风化。台鼎须贤久，方镇静、又思命驾。空遗爱，两蜀三川，异日成嘉话。

因为这是一首投谒之作，柳永极力用赋体形式铺陈蜀地的景物风情，又用诸多典故颂扬田况为蜀地所做的贡献，虽不免有"贡谀"成分，但柳永的文采实在称得上出色。

不知柳永的这一阕投谒词是否能被送到田况手中，也不知田况与柳永之间是否有些许交情，对于柳永来说，请真正有作为的官员举荐自己，便等于向仕途迈进了一步，至于是否能真正走入仕途，只能听天由命。

成都的灯红酒绿、熙攘繁华，让柳永找到些许在汴京时的感受。但成都终究还是不同于汴京的，汴京的繁华，虽让人趋之若鹜，却身心俱疲；成都的繁华让人惬意，来了便不舍得离开。

不忍离开，也终须离开。成都不是柳永最终的归宿，他漂泊的宿命尚未走到尽头。明道元年（1032 年），柳永抵达鄂州（今湖北武昌）。此时的他，已年近五十，却仍然在求仕之路上寻觅、摸索。

在鄂州，柳永登上了仪门之南的白云楼。据说，晋代时镇守武昌的庾亮曾游览此处，因此也被称为庾公楼。斯人早已作古，岁月的风霜也斑驳了他的足迹。当柳永登上白云楼时，石城只剩一片荒凉。

江水就位于石城山的一隅，与西边的汉阳只一水相隔。只可惜秋景萧瑟，登上高楼极目远眺的柳永愁肠百转。他先是仰望万里晴空，又俯瞰四野，苍凉的大地深深地触动了他的悲秋之情，那一刻，他竟体会到了宋玉当年因悲秋而写《九辩》时的感受。

站立在高处，柳永能望见山下的渔市、水村，它们在秋天里也显得冷落寂寥，渔村上方寒冷的碧空中，上升着一股袅袅炊烟；水村残存的碧烟红叶在风霜中时而剧烈颤抖，虽一袭红色尚存，却也是秋凉的感觉。

楚天辽阔，一望无际，尚未落尽的夕阳仿佛浸泡在江水之中，江水一泻千里，波浪浩荡。凭栏临风，柳永又思念远方的心上人。离别日久，柳永料想，她定是满面愁容，愁眉紧锁，心中痛苦不堪，就像此时的自己一样。

两个情投意合的人，不得不匆匆别离，如同雨云消散，天各一方。她是一个美丽动人、温柔体贴的女子，柳永与她相处得十分融洽欢悦，只可惜如今如同落花流水各奔东西，遥守天涯一方，相互望眼欲穿。

潦倒失意的柳永，心情无所寄托，任绵绵相思萦绕心间，写一阕词托付给远行的大雁，寄去自己的相思：

雪梅香

景萧索，危楼独立面晴空。动悲秋情绪，当时宋玉
应同。渔市孤烟袅寒碧，水村残叶舞愁红。楚天阔，浪
浸斜阳，千里溶溶。

临风。想佳丽，别后愁颜，镇敛眉峰。可惜当年，
顿乖雨迹云踪。雅态妍姿正欢洽，落花流水忽西东。无
憀恨、相思意，尽分付征鸿。

已经不记得有多久，柳永的词中鲜少出现偎红倚翠的句
子。即便涉及情爱，也似乎收敛了许多，不见柔媚，反而多
了几分雅致。可以确定的是，柳永心中有着思念的人，或许
不只是她，而是她们。

他们相隔千里，音书难寄，以为重逢遥遥无期，就连柳
永都未想过，归期竟然近在眼前。

春风得意 "新郎君"

　　浪迹浮萍，虽自由，却无依。身在异乡之人，看到天边日暮、江上烟波，都会催发乡愁。人间路远，只要离开故乡，便仿佛断了根系，去处虽多，却哪里都不是归宿。

　　功名虽是枷锁，柳永却不愿卸下。或许，功名也是他此时唯一的情感寄托，年近半百却事业无成，对于任何一个有志男儿来说都是人生莫大的遗憾。于是，他只能在求仕之路上苦苦跋涉，余生残年，他希望能有一份功名来安慰那已疲惫至极的人生。

　　光阴的海上，柳永始终在漂荡，通往彼岸的路只有一条，他依然在苦苦寻觅入口。青丝已成华发，他眼前还是弥漫着重重迷雾，遮挡了就在前方不远处的柳暗花明。

　　人生总有起落，柳永却说不清自己的前半生究竟何时算得上"起"，又仿佛时时都在"落"。或许正因为人生始终不见起色，柳永的生命才比寻常人丰盈了许多。明道二年（1033年）春，暖阳照得人间一片和煦，也照开了笼罩在柳永生命上空的乌云，通向仕途的大门，正缓缓为他开启。

　　这年三月，章献明肃太后刘娥病逝。在此之前，她已垂帘听政十余年，宋仁宗虽已成年，却一直没能亲政，为此，范仲淹等股肱之臣屡次上书谏言章献明肃太后还政，却纷纷因此遭到贬谪。据说，宋仁宗因此对章献明肃太后心生不满，且随着年岁增长，这份不满愈演愈烈。

章献明肃太后病逝后，宋仁宗始得亲政，朝政方面终于不再束手束脚，可以起用那些被章献明肃太后贬谪的旧臣，如范仲淹、宋绶等人。

历史上对宋仁宗的评价，有"知人善任，名臣辈出"一条。亲政当年，宋仁宗为了笼络士子、招纳人才，特意下诏于次年开科取士。这既是恩科，也是宋仁宗亲政后的第一榜，闻听此讯的士子们跃跃欲试，人人都知道这一榜有怎样的含金量。除此之外，宋仁宗还下旨扩大取士名额，特开恩科，对于历届科举沉沦之士尤其放宽尺度。

对于皇帝与朝廷来说，此举是广纳贤才，为政治所需。而对天下万千读书人来说，这是改变人生的大好机会。尤其像柳永这样在科考场上屡次失意，不得不"奉旨填词"的读书人来说，这次科考更意味着夙愿终将得偿。

宋仁宗的一道恩旨，驱散了柳永头上满天阴霾。他立刻快马加鞭奔赴汴京，这一日，他等待了太久，纵然先后四次在科考场上折戟，但每一次走入考场之前，他依然满怀期待。

返京路上途经山西平阳，偶遇旧友，得知柳永即将返京参加科考，那位旧友执意拉着柳永去拜谒平阳当地的一位权贵，提前为日后出仕结交一些关系。

那位权贵听说过柳永的词名，对柳永的才华十分欣赏。那日，他特意备下酒宴，邀来许多知己、同僚，与柳永一同畅饮。

那是一场极尽铺陈的宴席，席上自然少不了助兴的歌伎，其中不乏当地名妓。柳永许久不曾这样安闲地饮酒作乐了，那日酒宴持续到很晚，蜡烛都已燃尽，主人又命人取来新的蜡烛换上。

陪酒的歌伎们脸上始终带着笑容，只要客人要求，她们便会一曲又一曲地献上美艳的歌舞，从不间断。只要客人开心，或许要她们幕天席地陪客人同床共枕，她们也是愿意的。

柳永的酒杯一直都是满的，只要杯中酒饮尽，便会有人为他斟满。夜色尚不算深沉，席上的大多数人已经喝得酩酊大醉。在文人士大夫们看来，饮酒作乐必然要有歌舞伎助兴，这是一种再寻常不过的享乐方式。美酒、美人、莺歌、燕舞，极力铺陈着人世间最喧哗热闹的一隅，柳永身在其中，并未觉得有何不妥。

他已不记得自己喝了多少酒，视线已有些许朦胧，目光偶然扫向灯光昏暗之处，竟然发现有个风流之人，借着酒劲儿偷偷将所有歌伎轮番撩拨一遍，惹得那些歌伎心中不快，脸上却不敢露出丝毫怒意。

这一不易被人察觉的小小插曲，被柳永留意，又写入词中：

金蕉叶

厌厌夜饮平阳第。添银烛、旋呼佳丽。巧笑难禁，艳歌无间声相继。准拟幕天席地。

金蕉叶泛金波齐，未更阑、已尽狂醉。就中有个风流，暗向灯光底。恼遍两行珠翠。

像这样与歌伎相关的词句，柳永已经写过太多。这一次，却是他的词中最后一次出现与歌伎相关的内容。此去汴京，他的人生轨迹即将改写，崭新的人生轨迹上，他与秦楼楚馆将不再有太多交集。

　　离开平阳后，柳永一路策马，终于赶在年终岁尾返回汴京。街头巷陌，还是熟悉的繁华，一想到即将开始的科考，他有些期许，也有些忐忑。最让人不安的，莫过于未知，只要涉及与功名相关的事情，柳永还是做不到完全释然。他无法左右天命，唯一能做的，便是尽自己最大的努力而已。

　　1034 年，宋仁宗改元景祐，是为景祐元年。当年正月，宋仁宗下诏："朕念士向学益蕃，而取人之路尚狭，或栖迟田里，白首而不得进。其令南省就试进士、诸科，十取其二。进士五举年五十，诸科举年六十；尝经殿试，进士三举，诸科五举，及尝预先朝御试，虽试文不合格，毋辄黜，皆以名闻。"

　　据《续资治通鉴长编》记载："戊寅，御崇政殿试礼部奏名进士。己卯，试诸科。辛巳，试特奏名。已而得进士张唐卿、杨察、徐绶等五百一人，诸科二百八十二人，特奏名八百五十七人，赐及第、出身、同出身。"

　　这一年恩科共取士一千六百四十人，在唐宋科举史上，这一数字实在罕见。而这一千六百四十人中，就包括柳永和他的兄长柳三接。

　　黄金榜上，终于出现了柳永的名字。那一刻，他心中五味杂陈，说不清究竟是悲还是喜。或许，此刻的柳永应该是悲喜交加的吧，喜的是终于金榜题名，悲的是人生已过大半，尚未大展宏图，便要垂垂老矣。

无论如何，金榜题名总算是人生得意之事，多年苦苦追寻，终于扬眉吐气。

这一年的正月十五元宵节，是柳永有生以来过得最畅快的一个节日。自从宋仁宗登基，每年元宵节的夜晚都要在京城举行灯火晚会，与民同乐。有时，宋仁宗也会走出宫门，与百姓共同观灯，以示天下承平。

亲政第一年，宋仁宗特意亲临民间，元宵节明媚和煦的氛围更添热闹，为此，柳永特意写词庆贺：

倾杯乐

禁漏花深，绣工日永，蕙风布暖。变韶景、都门十二，银蟾光满。连云复道凌飞观。耸皇居丽，嘉气瑞烟葱蒨。翠华宵幸，是处层城阆苑。

忔龙凤烛、交光星汉。对咫尺鳌山、开羽扇。会乐府、两籍神仙，梨园四部弦管。向晓色、都人未散。盈万井、山呼鳌抃。愿岁岁，天仗里、常瞻凤辇。

禁漏不停，催着光阴前行。冬去春来，节序更替，花草感应着节气，在阳光下匆忙生长，仿佛太阳在大地上绣出的美丽图画。和煦的春风不仅送来暖意，还让花香之气遍布人间。

元宵佳节，春意盎然的京城皓月当空，照耀得都城十二座城门皎洁生辉。京城的高阁高耸入云，座座楼观凌空如飞，让京都更显雄伟壮丽。整座京城都笼罩在一片祥云瑞雾之中，平添几分朦胧缥缈的美感，每个角落都散发着一派吉庆祥和的气息。

这样一个举国欢庆的节日，皇帝也走出宫门，临幸皇城花园，与百姓一同观灯赏月。皇帝的驾临让元宵灯会变得更加热闹，龙凤花烛与天空的星月之辉交相辉映，在距离灯火晚会咫尺之遥的地方，矗立着高耸的鳌山，手执羽扇的舞者随着乐声翩然起舞，两籍乐府及梨园子弟与观灯的百姓一起狂欢，人声鼎沸，箫鼓喧天。

这样的热闹持续了整整一夜，直到天已破晓，观灯的人群还不肯散去，街道上挤满了人，纷纷向皇帝高呼万岁，希望年年岁岁都能见到皇帝的仪仗，目睹天子的风采。

观灯的柳永也在人群之中，此时的他，已不再是寻常百姓，新科进士的身份让他走在人群中不知不觉挺直了脊背，一朝扬眉，柳永第一次觉得，步履竟如此轻松。

第七章

淡泊·不屑与人称量

世与我相违

　　和煦的风吹进了生命，驱散了人生的寒冬。一份功名，就像打开心灵枷锁的钥匙，灵魂逃离了禁锢，就连脚步都因此变得轻盈。

　　按照北宋惯例，新进士及第之后，朝廷会用一个月的时间安排新科进士遍游京城的园林寺观，目的是彰显大宋朝人才辈出，让百姓安心，也是对天下读书人的激励。

　　这是柳永人生中最充实的一个月，在朝廷的安排下，他与其他新科进士一同游览迎祥池、玉津园、四里桥、望牛冈、快活林、独乐冈、东御苑、玉仙观、乾明寺、鸿福寺等地，凡是新科进士所到之处，前有鸣锣开道，两旁有百姓围观，无比热闹，也无比荣耀。

　　身处其中的柳永，偶尔会突然恍神，仿佛陷入一场美梦，生怕一个眨眼，美梦就被惊醒。经历了太多失意的人，夙愿得偿之时，总有不真实的错觉，他太害怕失去这好不容易得来的荣耀，就像掌心捧着一个美丽的肥皂泡，生怕一不小心那色彩斑斓的美好就会支离破碎。

　　这一年的新科状元是张唐卿，只有二十五岁，年龄还不足柳永的半数。柳永回想自己的二十五岁，正是初试落榜之时，那时的他，还狂放地喊着"忍把浮名，换了浅斟低唱"的口号，如今想来，实在是年少轻狂。

他有些羡慕张唐卿，能在年华正好时功名加身，极尽荣耀。只可惜，这荣耀太沉重，需要性命来背负，此刻的柳永若知道张唐卿的生命只剩下短短三年，不知又会作何感想。

命中三尺，难求一丈，这是许多宿命论者的腔调。或许柳永在不得不接受现实的同时，只能用这样的论调来安慰自己。

所幸，他还不是一无所有，年过半百，总算求得些许功名，聊胜于无。

新科进士们遍游京城佳景之后，便是皇帝赐宴的日子。北宋早在太祖时期便立下规矩，殿试之后由皇帝宣布登科进士的名次，并赐宴庆贺。赐宴之地在汴京西南郊顺天门大街的琼林苑，因此，这场宴席也被称为"琼林宴"。

此番盛景，柳永自然免不了写词庆贺：

柳初新

东郊向晓星杓亚。报帝里、春来也。柳抬烟眼，花匀露脸，渐觉绿娇红姹。妆点层台芳榭。运神功、丹青无价。

别有尧阶试罢。新郎君、成行如画。杏园风细，桃花浪暖，竞喜羽迁鳞化。遍九陌、相将游冶。骤香尘、宝鞍骄马。

天尚未破晓，新科进士们便要提前来到琼林苑等待皇帝莅临。拂晓时分，京城东郊出现了醒目的北斗七星，星柄低垂，是初春时的星象。在柳永眼中，北斗七星仿佛有了生命，它们闪烁着告诉人间：春天来了。

　　柳永的语气里洋溢着喜气，这便是他此时的心情。本就美好的春景，在他眼中越发姹紫嫣红。清晨时分，柳树在蒙蒙的雾气中吐出了新绿，花朵噙着清晨的露珠迎风绽放，仿佛以露水匀面的佳人，美好得令人心醉。

　　当太阳升起，雾气散去，春柳更加绿得娇媚，春花更加红得艳丽，整个大地都因为春天的到来而姹紫嫣红，一派生机勃勃的景象。

　　大自然的鬼斧神工实在神奇，能用花草树木将层层台榭装点得分外美丽迷人。如此美好的景致，让柳永发自内心地赞叹，眼前的春景，就仿佛一幅绚丽多彩的图画，这样一个充满生机的美好季节，实在让人身心愉悦。

　　就在此时，朝廷开始组织新科进士们游览京郊御花园。这些春风得意的"新郎君"们骑在马上，整齐地排成一行，鱼贯而行。他们个个风度翩翩、器宇轩昂，俊美得仿佛画中人，穿梭在如画美景中，实在相得益彰。

　　琼林苑内微风习习，桃花浪暖，仿佛是在庆贺新科进士们如鲤鱼跃过龙门，一步登天。他们脸上都洋溢着掩饰不住的喜悦之色，这样的喜悦也根本无须掩饰，尽情欢喜，就是他们此刻该做的事情。

　　众人游遍琼林苑，又结伴在京城内策马奔驰，四处游玩。他们所过之处，扬起阵阵香尘，心中的喜气从这快马轻蹄中便可见一斑。

此时的柳永虽也是一位"新郎君"，可惜却早已不是春风得意的翩翩美少年。如此光华绚烂的时刻，他回想起自己二十余年的科考生涯，一股苦涩涌上心头，却只能暗自咽下，不能扫了众人的兴。

满目繁花，可以暂时冲淡心底的荒凉。多少坎坷与白眼皆成过往，无论未来如何，至少眼下是值得欢喜的。

柳永毕生追求的仕途就在前方不远处，皇帝的赐宴一结束，他就要和其他新科进士们一同接受任命，各奔前程。

考取功名，只是拥有了一块进入官场的敲门砖，至于今后的路上要经历怎样的心机争斗、权力倾轧，柳永尚不清楚。像他这般真性情的人，并不适合与心机深沉的人为伍，从进入官场的那一刻开始，就注定了柳永日后的不得志。

宋朝官员的等级，大致分为选人、京官、朝官。由选人升为京官，称为"改官"；由京官升为朝官，称为"转官"。大多数官场中人，从出仕那一日开始，便将朝官当作终极目标，也只有成为朝官，才能摆脱供人驱使的境地。

位列三甲的柳永，被授予睦州（今浙江境内）团练推官，官职从八品。所谓推官，便是一郡之佐官。根据朝廷指令，柳永应在景祐元年（1034 年）春末夏初时离京，前往睦州赴任。

柳永出发的那一天和风晴暖，天气就像他当时的心情一般明媚。身为远行客，柳永无法推算未来的命运，他只知道，自己即将踏上的路，叫作"前程"。

睦州距离汴京两千多里，大部分是水路。若一路顺利，柳永到任的时间应是盛夏。盛夏江南，别有一番艳丽，一路上，柳永都在期待着与江南重逢的情景，更期待能够拜会一下令他仰慕已久的范仲淹。

早在上一年冬天，宋仁宗因被郭皇后误伤，便有了废后的念头。范仲淹认为不可废后，遂向宋仁宗进言，被宰相吕夷简拦截。范仲淹便率领中丞孔道辅、侍御史蒋堂、段少连等十余人跪伏在垂拱殿外，请求召见，宋仁宗不见。第二日，范仲淹与众人商议，打算早朝之后当着百官的面与宰相吕夷简谏争，然而朝廷此时下诏，外放范仲淹知睦州，其余反对废后的官员也一一或罚或贬。

柳永本以为可以和范仲淹在睦州相见，谁知，就在他即将赴任的同时，范仲淹调任苏州知州。柳永特意绕道苏州，前去拜会，并写词相赠：

瑞鹧鸪

吴会风流。人烟好，高下水际山头。瑶台绛阙，依约蓬丘。万井千闾富庶，雄压十三州。触处青娥画舸，红粉朱楼。

方面委元侯。致讼简时丰，继日欢游。襦温袴暖，已扇民讴。旦暮锋车命驾，重整济川舟。当恁时，沙堤路稳，归去难留。

这虽是一阕投献词，却被柳永写得媚而不俗。他先是将吴会之地的风流赞颂一番，夸赞这里山清水秀，物阜民丰，美人、画舫、红楼随处可见，亭台楼阁美轮美奂，如同蓬莱仙境，比其他任何地方都要美好。

　　之后，又将范仲淹的政绩称颂一番，引用古越吴会稽郡和吴郡、汉代蜀郡太守廉范惠政仁德的故事、晋代追锋车、辅佐帝王的"济州舟"以及唐代专为宰相通行车马所铺筑的沙面大路等典故来歌颂范仲淹政治清明，施仁政于民，所以受百姓爱戴，社会富庶。他预祝范仲淹早日升为宰相，到时沿着稳稳的沙堤路一路走上朝堂，再也不用回到地方任职。

　　柳永与范仲淹的交集，只是他赴任之路上的小小插曲。对于初入仕途的柳永来说，范仲淹只是可供仰止的高山，并非同席共饮的同僚。

　　此时接任范仲淹睦州知州的，是宋太宗时名相吕端之子吕蔚。吕蔚虽为名相之子，却并无高高在上的架子，反而早就仰慕柳永的才名。柳永赴任之后，在吕蔚手下做事，相处久了，吕蔚觉得柳永勤于政事，又性情耿直，才情与志向共存，因此对其更加赏识。

　　柳永到任短短几月，吕蔚便向朝廷呈上荐表，将柳永的才华与能力翔实阐述，恳请朝廷能早日提拔柳永。然而，朝廷对此事的回复是"未有善状"，看字面意思，是说柳永为官不久，尚未取得任何政绩，不宜升迁。柳永却知道，自己早年风流浪荡的形象让太多人不齿，以至于不仅无人支持吕蔚的荐表，还遭侍御史知杂事郭劝弹劾。

　　朝廷不仅没有升迁柳永，还因吕蔚举荐柳永一事专门立法，对朝廷选人和晋升作了新规定："幕职州县官初任未考者，不得奏举。"

　　朝廷因为自己晋升一事专门立法，柳永实在有些哭笑不得，但情绪中更多的还是失落。他有济世之志，却无济世之名，归根结底，这一切还是他自己曾经的所作所为造成的。幸运的是，他还能遇到赏识自己的上司，至少在睦州为官期间，他的处境不算艰难，这一点值得释然。

宦海不如江湖

人生如沧浪行舟，不是渡人，就是渡己。浮沉起落已是人生常态，既然左右不了载舟之水，便只能左右自己的心境，在浮沉起落间寻找片刻的安稳。

柳永来睦州任职大半年，已近年终岁尾，又是严冬天气。江南的冬天不似北方凛冽，天空却总被阴云遮蔽着。柳永在睦州担任的是个闲职，没有太多公务要忙，总有外出游走的空闲。好在，冬日江南的天气并不妨碍出行，只要一有机会，柳永便会乘坐一艘小船四处走走。

这一日，阳光依然被阴云挡在身后，柳永闲来无事，突然来了乘船外出的兴致。带着饱满的游兴，柳永乘船离开了沙洲江岸。小舟一路乘风破浪，柳永竟突然有了一种"轻舟已过万重山"的轻快之感。小船越过万道沟壑、千道高岩，进入溪流深处，终于来到一处开阔的水面上，此时狂涛渐渐平息下去，浪头渐小，吹起了顺风，小船行驶得越发顺畅起来。

渐渐地，柳永耳畔开始传来商贾旅客相互呼唤的声音，前方的船只越来越多，每一艘船都高高地扯起风帆，柳永的船也是如此，顺风之下，他轻轻悠悠地驶过南岸，船行得轻快，柳永的心情也无比轻快。

他独立船头，怡然自得地向前方张望，天色已近傍晚，小船也来到了南浦以下的江村之中。柳永扬帆乘兴翩翩而行，饶有兴味地观看着眼前风光：只见高挑的酒旗在风中晃动，烟霭朦胧之处，有一处村落隐约可见，村落间还点缀着几排落着霜花的树木。

柳永正贪看着眼前的景色，一阵木棒敲击船舷的声音惊了他一跳。原来，那声音是渔民们"鸣榔归去"之意，夕阳残照之下，是百姓们返家的身影。

若是盛夏时节来此，一定能见到满塘荷花。可此时是初冬，荷花都已零落枯败，临水岸边，杨柳也只剩下光秃秃的枝条。天边的晚霞透过杨柳的枝条忽隐忽现，落在岸边浣纱姑娘的身上。她们三三两两结伴，正准备回家，突然看到柳永这个陌生的游客，一边羞涩地躲避着，一边又含羞带笑地相互耳语。

这些浣纱的女子，突然触动了深埋在柳永心底的思绪，羁旅行役的感慨突然翻涌，一发而不可收拾。

她们都有家可回，柳永却有家难回。羁旅异乡的他，抛弃了家中的亲人，自己却像浪游的浮萍，难寻立身之地。眼下他虽有官职，却并不安定，对于朝廷的任命，他有不满，却无力改变现状，更不知何年何月才能重返汴京与家人团聚。

当初启程赴任时，家人和妻子百般叮咛，希望他早日能改官返京。柳永当时也再三承诺，一定要做出些政绩来，可如今，上司吕蔚替他请求升迁的奏疏被驳回，朝廷还专门立法阻止他回京，当初和家人约定的期限恐怕难以兑现了。

又将岁暮，归期受阻，柳永只能空自遗憾。睦州距离汴京路途遥远，柳永无论多么想家也无法轻易返还。泪水不知不觉盈满眼眶，他用一双泪眼凝望汴京的方向，能看到的，却只有空阔长天、苍茫暮色，以及一只离群的孤雁。

羁旅异乡之人，情绪总是格外敏感。从欢喜到悲叹，只是转瞬之间。柳永叹自己真的老了，看到别人的欢快，也能触动自己的愁肠，多少无奈，只能诉诸笔端：

夜半乐

冻云黯淡天气，扁舟一叶，乘兴离江渚。渡万壑千岩，越溪深处。怒涛渐息，樵风乍起，更闻商旅相呼，片帆高举。泛画鹢、翩翩过南浦。

望中酒旆闪闪，一簇烟村，数行霜树。残日下、渔人鸣榔归去。败荷零落，衰杨掩映，岸边两两三三、浣纱游女。避行客、含羞笑相语。

到此因念，绣阁轻抛，浪萍难驻。叹后约、丁宁竟何据？惨离怀、空恨岁晚归期阻。凝泪眼、杳杳神京路。断鸿声远长天暮。

能让柳永伤怀的季节，又何止是严冬？郁郁不得志之人，哪怕见到茂盛春景，也会徒生青春不复的悲凉。

古倾杯

冻水消痕，晓风生暖，春满东郊道。迟迟淑景，烟

和露润，偏绕长堤芳草。断鸿隐隐归飞，江天杳杳。遥
山变色，妆眉淡扫。目极千里，闲倚危樯回眺。

　　动几许、伤春怀抱。念何处、韶阳偏早。想帝里看
看，名园芳榭，烂漫莺花好。追思往昔年少。继日恁、
把酒听歌，量金买笑。别后暗负，光阴多少。

　　柳永写下这阕词时，距离他上一次乘船出游已过去一整
个冬天。此时的睦州刚刚迎来一个崭新的春天，冰雪消融得
无影无踪，和煦的晨风送来阵阵暖意，东郊野外的长道上，
呈现着满眼春光。

　　阳光的和暖、烟岚的和润，皆是早春特有的气氛。长堤
春草正承受着春阳与烟露的恩泽，为大地铺上一片新绿。

　　春日的天空更显广袤，江水和天边连成一线，一只离群
的孤雁正忧戚地飞向北方，身影时隐时现，最后只剩一点，
让远处的江天显得更加悠远无尽。

　　远山刚刚染上新绿，如同美丽的女子刚刚淡扫的蛾眉，
有着娴雅秀逸之态。然而，在这样一个美好的春日里，柳永
却并未外出踏青，只孤独地倚靠着高楼的栏杆向远方眺望。

　　他的背影孤独得让人心疼，春日到来，反而引发柳永的
忧伤和苦闷。他觉得自己就像那只离群的孤雁，只能孤独地
行走在路上，无人安慰、无人依靠。这样明媚的春景，更让
柳永思念汴京。他知道，汴京城中的园林名胜、高台香榭，
此时已应是草木茂盛、莺啼花开的春日好景了。与京城春景
的绚丽多姿、繁华热烈相比，此时柳永面前的春色未免太过
素雅。

沉迷市井生活的柳永，还是喜欢汴京的繁华。他回忆起自己的年少岁月，在繁华的汴京城中夜以继日地把酒听歌，千金买笑，那才是他真正向往的生活。相形之下，此刻如同孤雁般的境遇，滋味实在酸楚。

如今的柳永，虽身在官场，仕途仍是蹭蹬，岁月依旧蹉跎，就连把酒听歌这样慰藉心灵的事情也不能轻易再做了。他曾无比感叹自己因纵情欢愉而蹉跎了青春，辜负了年华，如今只能眼睁睁地看着岁月流逝，连欢乐都无处寻觅了。

有时候，柳永为了公务不得不四处奔走。光阴易逝，忙忙碌碌之中，秋草便覆盖了春花。外出处理公务的柳永，返程时已是傍晚，一场秋雨刚过，舟行江上，柳永伫立在船头，静静欣赏眼前的秋色。

江中小洲已被霜露覆盖，野鸭飞落洲上，准备寻找栖息之地。雾霭笼罩的小渚上空有大雁横穿而过，景虽生动，却不知为何，总是隐隐触动柳永情愁。

天色渐渐黑下来，不适合继续赶路，柳永便将小船停泊在岸边，寄宿在荒村驿店之中。雨后秋月夜，如此凄清寥廓，羁旅之人投宿荒村，难免孤寂冷落。

简单安顿下来，柳永走出房门，在月光下踱步。远处有个模糊的身影，不知是谁，孤独地站在月光下。那人手中一管羌笛，正吹奏出忧伤的曲调。羌笛声与河岸草丛里切切的蟋蟀声交织在一处，勾起离愁万绪。

愁情纠缠着雾气，难以排解。柳永的愁情中夹杂着相思，远在汴京的心上人，自从与她分别，便山水相隔，相距遥远，想借书传情也是不易。柳永知道，那深处绣阁深枕中的佳人，根本无法体会他这个浪迹天涯的游子如今已是身心俱疲，憔悴不堪。旧日欢爱难重继，往昔的欢情都已烟消云散，只剩身心孤寂的柳永独坐孤村，对月自伤。

每当心生悲凉，柳永便情不自禁地眺望京城的方向，徒然望断远方浓绿的山峰，却寻不到归路：

倾　杯

骛落霜洲，雁横烟渚，分明画出秋色。暮雨乍歇，小楫夜泊，宿苇村山驿。何人月下临风处，起一声羌笛。离愁万绪，闲岸草、切切蛩吟似织。

为忆芳容别后，水遥山远，何计凭鳞翼。想绣阁深沉，争知憔悴损，天涯行客。楚峡云归，高阳人散，寂寞狂踪迹。望京国。空目断、远峰凝碧。

醉卧花间的日子，已经一去不返，自从踏上仕途，柳永每一天都茫然无助着。原来，他一直渴望抵达的官场，竟是如此无味，当初金榜得中时的喜悦，每一天都在消减。年过五十才获得功名，柳永本打算有所作为，没想到短短一两年的时间里，他竟有了归隐的念头。

归隐于江湖，虽清贫，却悠然。若真的能像陶渊明那样"采菊东篱下"，从此淡泊名利，真的会快意许多吗？

柳永找不到答案，也并非真的想归隐。既然身入宦海，就要苦苦挣扎。茫茫仕途之上，他不愿只成为一名过客。光阴匆忙，不容继续蹉跎，他太想取得一些政绩，可终日忙忙碌碌，却都是处理一些琐事。权力的中心距离柳永太过遥远，他用尽全力也难以触碰到边缘。升迁之日遥遥无期，他纵然心有不甘，也只能淡然处之。

帝城赊，秦楼阻

　　似水流年里，柳永半生欢愉，半生飘零，也曾领略过风花雪月的旖旎温情，也曾在残垣荒野中苍凉了心。

　　愿望越美好，失望越伤人。升迁已注定无望，睦州的任期将满，柳永尚且不知道自己未来将何去何从。

　　又到年终岁尾，柳永乘坐一叶小舟外出办公务。天色将晚时，柳永收卷风帆，靠近江岸，准备在岸边停泊一夜，明日再继续行舟。旅途劳顿，让柳永厌倦，偏偏那孤城之中又传来呜咽哀怨的胡笳之曲，生生勾起羁旅之人凄黯的情绪，顿觉旅途更加寂寞。

　　傍晚的江水白茫茫一片，毫无生气，因为柳永的到来，正在沙滩上栖息的大雁顷刻间全部被惊散。好在，林间的暮霭如烟般笼罩着，一丛丛秋林像画屏一般在眼前铺展开来，总算让柳永的烦闷纾解了一些。

　　天边遥远的群山看上去那样小，就仿佛美人弯弯的黛眉一般浅淡，这让柳永思念起心上人。为了仕途，柳永不得不离开心上人。在异乡为官的日子，他旅途劳顿，舍弃风月，年事渐衰，远离京城，也告别了那听歌买笑的惬意生活。

按照宋代制度，朝廷命官不许到青楼坊曲与歌伎往来，否则会受到弹劾。柳永在官场中本就根基不稳，素来名声又不大好，便只得与歌伎和旧日生活断了关系。然而，这些"舍"，并没有为他换来"得"，改官依然无望。当人生少了一些盼望，眼前的景色哪怕再美，也是一片萧索，更添烦愁。

芳草萋萋，蔓延至空阔的天边；夕阳西照，洒满河山。自从与秦楼楚馆中的歌伎们断了联系，柳永的人生便苍白了许多，往日的旧情也如同断云，随风而逝。这样的官场，实在让柳永厌倦，他越来越向往回到从前的生活，却忘记了从前的他为了求仕四处奔波，过得也并不快活。

人生哪有十足的圆满，总有一些求而不得，让人苦不堪言，却偏要言：

迷神引

一叶扁舟轻帆卷。暂泊楚江南岸。孤城暮角，引胡笳怨。水茫茫，平沙雁，旋惊散。烟敛寒林簇，画屏展。天际遥山小，黛眉浅。

旧赏轻抛，到此成游宦。觉客程劳，年光晚。异乡风物，忍萧索、当愁眼。帝城赊，秦楼阻，旅魂乱。芳草连空阔，残照满。佳人无消息，断云远。

景祐四年（1037 年），柳永在睦州任期已满，朝廷将他调往余杭担任县令。

从睦州到余杭还是要走水路，柳永出发时，已是萧瑟的秋日，船行至傍晚，一场秋雨刚刚停息，桐江一片寂静，柳永的船也在夜幕中渐渐靠向岸边停泊。雨后秋夜格外清冷，小船傍岛而停，江岸上水蓼稀疏，雾霭寒凉，秋风瑟瑟，吹得芦苇萧索作响，仿佛是体会到了柳永游宦异乡的凄凉。

江上的渔民把小船划得飞快，柳永看不清船上的人，只见船上的灯火飞快从水面上划过，奔向村落。渔民们日暮归家，那是何等温馨的场景，柳永却有家难回，何等凄凉。远行在外的人，只能单栖独宿，柳永怎能不想家？看着从面前经过的一盏盏渔船灯火，柳永越发厌倦自己此刻的生活。

一夜辗转难眠，柳永早早起身，清晨的桐江景色格外美丽，江水上空晨雾浓密，碧波似染，峰峦如削，白鹭飞翔，鱼虾跳跃，这生动的人间美景几乎扫清了柳永昨夜的忧愁。可惜，那欢愉极为短暂，美好的江山、自由的鱼鸟、团聚的渔人，都映衬着柳永的羁旅孤独。

自从步入仕途，柳永一年到头都是四海为家，辛苦跋涉，却又似乎一事无成。他觉得还不如及早归隐，享受大自然和家庭的天伦之乐，不用再受行役之苦。他的辛酸与无奈，都化成词句，供世人传唱：

满江红

暮雨初收，长川静、征帆夜落。临岛屿、蓼烟疏淡，苇风萧索。几许渔人飞短艇，尽载灯火归村落。遣行客、当此念回程，伤漂泊。

桐江好，烟漠漠。波似染，山如削。绕严陵滩畔，鹭飞鱼跃。游宦区区成底事？平生况有云泉约。归去来、一曲仲宣吟，从军乐。

柳永的这阕词一出，立刻在睦州民间广为流传，据北宋僧人文莹的《湘山野录》记载："范文正公谪睦州，过严陵祠下。会吴俗岁祀，里巫迎神，但歌《满江红》，有'桐江好，烟漠漠。波似染，山如削。绕严陵滩畔，鹭飞鱼跃'之句。公曰：'吾不善音律，撰一绝送神。'曰：'汉包六合网英豪，一个冥鸿惜羽毛。世祖功臣三十六，云台争似钓台高？'吴俗至今歌之。"足以见得，柳永的这阕《满江红》深受当时百姓喜爱。

余杭距睦州不过三百余里，柳永很快便赶到任上。北宋时期的余杭隶属两浙路杭州府管辖，地域不大，但风景优美，名山、名洞众多，最受文人雅士青睐。

能去余杭为官，柳永也算欣慰，只是，一想到回京之日遥遥无期，余杭美景带来的点滴欣喜也被冲淡了。

柳永身为余杭父母官，不敢过多流连风景，而是将大部分心思都放在政务上，堪称一届勤政爱民的清正官员。

关于柳永在余杭任职期间的政绩，清嘉庆《余杭县志·名宦传》曾有记载："柳永字耆卿，仁宗景祐间余杭令，长于词赋，为人风雅不羁，而抚民清静，安于无事，百姓爱之。建玩江楼于南溪，公余啸咏，有潘怀县风。"

"潘怀县"是指西晋官员潘岳，才名卓著，堪称一代文豪。他初举秀才，出为河阳令，转怀县令，后人用"潘怀县风"来形容柳永，足以见得柳永在余杭期间政绩卓著。

柳永虽生性不羁，却是爱民如子的好官。他渴望升迁，却不图虚名，既然身为父母官，就要为百姓造福，是他为官的信条。到余杭赴任仅仅月余，柳永就带着几个随从跑遍当地十四个乡，了解百姓疾苦。因为柳永个性随和，没有当官的架子，百姓也愿意与他亲近，向他倾诉民情之苦。

据说，余杭县特产藤纸，每年向朝廷进贡一千张，若产量有盈余，进贡的数量便要增加。柳永原本以为这是有利于民生的好事，然而当他在深冬时节亲自走访民间时，才发现并不是这么回事。

出产藤纸的地方位于由拳山深处的由拳村，那里的居民大多靠制作藤纸为生。藤纸价贵，可真正落到纸民手中的钱寥寥无几，由拳村的村民不仅不比其他地方的村民富庶，反而生活要艰辛许多。从由拳村回来，柳永便下令，每年除了向朝廷进贡的一千张藤纸之外，剩余的藤纸皆由纸民自行处理。

在余杭任职的三年，柳永十分勤勉，无论严寒酷暑，他时常奔波在民间，为百姓做实事。渐渐地，余杭地区物阜民丰，柳永为百姓欣慰，也为自己忧伤。

身为余杭县令，柳永或多或少取得了一些政绩，可这些政绩还不足以令他改官还朝。有时候，柳永难免自怨自艾，觉得自己就像失宠于皇帝的妃子，满腹哀怨，又渴望得到皇帝的宠幸：

斗百花

飒飒霜飘鸳瓦，翠幕轻寒微透，长门深锁悄悄，满庭秋色将晚。眼看菊蕊，重阳泪落如珠，长是淹残粉面。鸾辂音尘远。

无限幽恨，寄情空殢纨扇。应是帝王，当初怪妾辞辇，陡顿今来，宫中第一妖娆，却道昭阳飞燕。

　　想当年，汉武帝的皇后陈阿娇因失宠被幽禁长门宫，该是何等寥落。长门宫幽静，就连霜落之声都听得清晰。那里永远是大门紧闭，只有凄冷的秋风能吹得进去，吹动鸳鸯瓦上的霜花，吹过翠绿的帷幕，吹到陈阿娇的身上，让本就凄凉的她更觉寒意，就连满园的晚秋之景在她眼中也毫无生气。

　　重阳佳节时，陈阿娇看着盛开的菊花，一定会独自在长门宫内落泪吧。泪水顺着脸庞滑落，冲花了脸上的脂粉，依然得不到皇帝的垂爱。长门宫成了冷宫，皇帝车驾的铃声听上去都隔着遥远的距离。

　　在柳永看来，汉武帝懒得从长门宫前经过，远在汴京的宋仁宗，也懒得为他这个微不足道的小官的升迁之事费任何心思。

　　他又想起了失宠于汉成帝的班婕妤，这样一个有"却辇之德"的贤德女子，竟然因为赵飞燕、赵合德姐妹的出现而惨遭冷落，班婕妤的无限幽怨与悔恨，只能向纨扇倾诉，感叹自己是一把"秋天的扇子"，没了可用之处。

　　柳永并非在借赵飞燕讽喻朝中重臣，仁宗一朝贤臣辈出，没有祸国殃民的奸佞之臣。或许，柳永是在感叹自己还不够好，所以才没能得到朝廷的重用。他只能无奈地困守原地，默默尽自己该尽的职责，即便得不到皇帝的青睐，至少也做到问心无愧吧。

繁华之外的路人

　　繁华尘世里，谁不是个路人？来去匆匆，赏遍尘世风景，最终退于繁华之外，留下孑然一身。

　　既然来到尘世，便要留下些什么，供后人凭吊，才不算枉来一遭。身为素人时，柳永留给后世的是他的词；身为余杭县令，柳永留下的是位于苕溪南畔的玩江楼。

　　这座玩江楼是柳永主持修建的，建成之后便成为文人墨客的雅集之地。每逢佳日，文人墨客便齐聚于此，楼中有准备好的笔墨纸砚与茶酒糕点，供众人畅谈或吟诗赋词。只可惜，玩江楼虽见证过那段吟风弄月的历史，却没能幸存到如今，连同那些把酒临风的身影一同湮灭在岁月尘埃中。

　　柳永在余杭的日子是忙碌而又充实的，为百姓做事能让他心安，闲暇时坐玩江楼上，有明月清风可以品鉴。

　　夏末秋初时节，柳永来到一处古垒残壁，登上危亭，只见满目荒凉。他独立高亭之上，遥望雾气笼罩下的水中沙洲，那里烟云茫茫，似乎有一场大雨即将落下。

　　就在柳永登上危亭之前，这里刚刚下过一场雨，天边挂着双出的彩虹，那色泽艳丽的便是主虹，色泽暗淡的便是副虹，也就是文人们口中的"雌虹"。

那雌虹似乎还带着雨水的湿气，柳永正觉得暑热让心情烦闷，突然一阵狂风吹拂栏杆，将夏季的炎热驱走了许多，天地也因这阵风而显得雄劲苍凉。

一片黄叶从柳永面前轻轻落下，他突然惊觉，秋天终于来了。日暮时分，秋蝉叫得更加起劲，宣告着秋日来临。节令从不拖延，总是一个接一个准时降临人间。很快，秋景便要取代夏景，这让柳永回想起往日的欢乐。那些欢乐的日子离自己那样遥远，就像遥远的汴京，无法轻易重返。

此情此景让柳永不由得伤感，离别之后，旧情难忘，他因离别而增添新愁；故人难聚也难忘，这愁绪反复堆积，让他无处排遣，只得登高凭栏，整日里遥望，最后百感交集。

极目之处，有雨后晴云，也有薄雾弥漫，像极了迷蒙的细雨。黄昏时分，乌鸦纷纷归巢，聚在一处，虽零乱，却也热闹。萧条冷落的江城已是暮色迷离，城南角楼处不知何人吹响了画角，发出哀厉高亢的曲声。随着曲声将尽，一抹残阳也缓缓沉入大地。

季节更迭，诱发羁旅苦愁，一阕新词，写不尽柳永心底的荒凉：

竹马子

登孤垒荒凉，危亭旷望，静临烟渚。对雌霓挂雨，雄风拂槛，微收残暑。渐觉一叶惊秋，残蝉噪晚，素商时序。览景想前欢，指神京，非雾非烟深处。

向此成追感，新愁易积，故人难聚。凭高尽日凝仁。赢得消魂无语。极目霁霭霏微，暝鸦零乱，萧索江城暮。南楼画角，又送残阳去。

厌倦了辗转，却又不得不辗转。宝元二年（1039 年），柳永在余杭三年任期已满，朝廷调令又至，任命他为浙江定海晓峰盐监，这意味着又一场漂泊即将启程。

早在宋太宗端拱二年（989 年），北宋在舟山设置晓峰盐场，从那时起便设置了盐监一职。舟山群岛位于杭州湾边缘的东海洋面上，由千余大小岛屿组成，虽历史悠久，在北宋却只是一个别脚的地方。

从余杭县令到舟山晓峰盐监，柳永更像是遭到了朝廷的贬谪。舟山没有余杭那样宜人的景色，反而风急浪高，日日浪潮不息，生活环境相对恶劣。可柳永没有拒绝的权利，更没有选择的权利。他只能默默收拾行囊，在朝廷规定的日期赴任。

滞留南方任职期间，柳永写下过许多羁旅行役之词，记录下仕途上的每一次颠簸与辗转：

临江仙引

渡口、向晚，乘瘦马、陟平冈。西郊又送秋光。对暮山横翠，衫残叶飘黄。凭高念远，素景楚天，无处不凄凉。

香闺别来无信息，云愁雨恨难忘。指帝城归路，但烟水茫茫。凝情望断泪眼，尽日独立斜阳。

行舟几百里，柳永登上舟山渡口时是一个傍晚。上岸之后还要骑马继续前行，那匹瘦马带着柳永登上一处平坦的山冈，为柳永送来了一片秋日风光。暮色之中的山冈呈现出翠绿的颜色，将纷纷飘落的树叶衬得更加枯黄。在南国秋景里，柳永凭高念远，只觉无处不凄凉。

　　此刻，或许只有脉脉温情可以抚慰柳永孤独的怀抱，但是，旧日情感早已了断，柳永能留下的只有对往日温馨的回忆，以及那云愁雨恨的离别之情。

　　柳永苦恼自己回不到过去，也回不到京城。漂泊，阻断了他的过去和未来，他的面前只有广阔无际的茫茫水面，阻断了他回归京城的道路。纵然他望断泪眼，也看不到汴京城的模样。

　　一匹瘦马伴着柳永消瘦的身影，在山冈上久久伫立，直到夕阳西沉。

　　不管担任什么官职，柳永都是一个孤独的漂泊者。他虽沮丧，却不能沉沦于沮丧。朝廷指派的地方，就是他该出现的地方。这样想着，他的心态便平和了许多。

　　舟山虽没有余杭盛景，却有着岛礁特有的风貌。这里浪潮汹涌，岩壁陡峭，称不上令人心旷神怡，却绝对算得上天高海阔。

　　了解民生、勤于政事，是柳永为官的基本准则。像当初在余杭一样，柳永到舟山后不久，便开始走访当地百姓，尤其是了解盐民的生活。

　　在舟山，柳永遇到了和余杭相同的问题，那就是盐民终日辛苦劳作，收入却极其微薄，日子极为艰苦，即便正处太平盛世，也只是勉强度日而已。其中最重要的原因，还是盐民遭受官府的层层盘剥。柳永为此特地写了首七言诗，想要让朝廷了解盐民煮盐的艰辛：

鬻海歌

鬻海之民何所营？妇无蚕织夫无耕。
衣食之源太寥落，牢盆鬻就汝输征。
年年春夏潮盈浦，潮退刮泥成岛屿。
风干日曝咸味加，始灌潮波溜成卤。
卤浓盐淡未得闲，采樵深入无穷山。
豹踪虎迹不敢避，朝阳出去夕阳还。
船载肩擎未遑歇，投入巨灶炎炎热。
晨烧暮烁堆积高，才得波涛变成雪。
自从潴卤至飞霜，无非假贷充糇粮。
秤入官中得微直，一缗往往十缗偿。
周而复始无休息，官租未了私租逼。
驱妻逐子课工程，虽作人形俱菜色。
鬻海之民何苦辛，安得母富子不贫？
本朝一物不失所，愿广皇仁到海滨。
甲兵净洗征输辍，君有余财罢盐铁。
太平相业尔惟盐，化作夏商周时节。

生活在舟山海边的盐民不耕田种地，不养蚕织布，衣食来源不足，只靠煮盐谋生，还要向官府缴纳赋税。每年春季和夏季，是海水涨潮之时，当潮水退去，盐民们就要从海边刮来大量含盐的泥土，堆积在一起如同一座座岛屿大小，作为煮盐的原料。

这些盐泥经过风吹日晒，咸味大增，盐民们还要在泥土上面灌上海水，淋出盐卤。盐卤制成之后，比海水的含盐度大出许多，却还比盐淡上许多。因此，盐民根本不敢有一刻停歇，刮来盐泥之后，又要立刻进入深山打柴，用这些柴生火煮盐。

山中有虎豹，盐民们还要冒险入山，日出而去，日落而还。他们船载肩扛，根本无暇休息。打来的柴被他们投入巨灶之中，生起的火炎炎发热，炙烤着本就炎热不堪的恶劣环境。

这火焰从早晨燃到晚上，把海水煮成雪白的盐，堆积出高高的盐垛。在把盐泥变成盐的这段时间里，盐民们无盐可卖，只能靠借贷维持生活。即便是盐已煮好，也只能低价卖给官府，得来的钱少得可怜，还要先用来还债，借一缗钱，往往要十倍奉还。

盐民们每天过的就是刮泥、淋卤、打柴、煮盐这样周而复始的生活，根本没有休息，往往是赋税还未交齐，私债又催逼上门。

官府每年会给盐民指定煮盐的任务，为了完成任务，他们只得让妻子儿女都加入劳动。繁重的劳动让他们个个面黄肌瘦，只剩一具人形。

柳永希望朝廷知道，盐民们正在过着怎样艰苦的生活，也希望朝廷能想出办法，不仅让国家富庶，也要让百姓摆脱贫穷。

诗的最后，柳永赞颂朝廷没有一事办得失当，希望皇帝的仁爱之心也能广及海滨盐民。柳永并未明说，朝廷和官府本身就是盐民的剥削者。他只能为民请命，希望朝廷提高收盐的价格，让盐民能好好生活。还建议朝廷去除冗兵之弊，这样国库就能有余财，盐铁之税也可以免除了。

柳永还将希望寄托在宰相身上，太平盛世，宰相的作用便如盐一样重要，若宰相能关心百姓疾苦，制定相关制度，重现夏商周"三代治世"也是指日可待的，到那时，盐民便能安居乐业了。

身为朝廷命官的柳永，感同身受着治下百姓的辛苦。他有责任感，也有恻隐之心，一首大气磅礴的《鬻海歌》，便是他心系苍生最好的证明。

他本就是个不被朝廷待见的微末官员，做此为民请命之举，不仅不一定会被采纳，反而有可能让他因为僭越而获罪。可柳永并不在乎，只要能给盐民带来一点儿改善生活的希望，他愿意冒险。

柳永将这首请愿诗呈上朝廷，之后便石沉大海，直到他被一纸调令调离舟山，当地盐民依然在艰难中度日，这也成为柳永为官生涯中最大的遗憾。

第八章

梦醒·歌酒情怀，不似当年

游宦成羁旅

　　人生兜兜转转，最终却还是与寂寞孤苦相伴。被冷落了太久的人，在喧哗之处总像是多余的，心中纵有繁花似锦，到头来好像还是败给了时间。

　　柳永进入官场九年来，从未停止漂泊，虽然看过无数风景，却实在厌倦了这种无根浮萍般的日子。

　　庆历三年（1043 年），柳永在舟山任期已满。做了九年地方官的柳永，在每一任上都做出过政绩，按照宋朝制度，理应磨勘改官。可不知为何，柳永接到的指令竟是将他调往泗州担任判官。他只得再次上路，没有喜悦，也不敢表露悲伤，所有不能为外人道来的情绪，只能写进词里：

安公子

　　远岸收残雨，雨残稍觉江天暮。拾翠汀洲人寂静，立双双鸥鹭。望几点、渔灯隐映蒹葭浦。停画桡、两两舟人语。道去程今夜，遥指前村烟树。

　　游宦成羁旅，短樯吟倚闲凝伫。万水千山迷远近。想乡关何处？自别后、风亭月榭孤欢聚。刚断肠、惹得离情苦。听杜宇声声，劝人不如归去。

赴任途中的一场大雨阻碍了柳永的行程，他蜗居小舟之中，无所事事地望着从天而降的雨丝。这场雨下了很久，当雨点稀稀疏疏快要下完的时候，天色已经渐晚，四野一片寂寥。柳永将视线从远处江岸收了回来，落在小船附近的汀洲上。之前在江边捡拾香草的女子已经归去了，只剩一双鸥鹭立于洲上，那里是鸥鹭的家，它们成双成对，双宿双栖，将独居船上的柳永映衬得越发孤独。

一阵风拂过芦苇荡，惹得芦苇轻轻摇晃，不远处的几点渔火在芦苇的遮掩下时隐时现，渔船上两人交谈的声音被江风送到柳永耳边。其中一人问今夜在哪里投宿，另一人用手指向远处烟雨绿树朦胧之处，说今晚就住在前面的村庄里。

人人都有家可回，天地间仿佛只剩柳永一人还漂泊在路上。九年来，他四处为官，早已成了他乡之客。今夜独宿船中，柳永百无聊赖，只能倚靠在桅杆旁边，久久凝思。

万水千山茫茫无际，触动着柳永的乡愁。回想曾经，良辰美景，胜地欢游，如今却只剩他孤舟一人，乡情郁郁。亭榭风月依旧在，人却不能欢聚，空把美景辜负。

想到此处，柳永离愁更浓。归日无期，又偏偏听到杜鹃声声，仿佛在说"不如归去"。杜鹃不识人心，却在劝人返乡。柳永有家难回，杜鹃偏偏不懂他的为难，反复催劝，徒惹心乱，愁绪更增。

这一年秋天，柳永因返京心切，向朝廷呈送了投诉奏折，希望朝廷能重新磨勘自己这些年来的政绩，给自己一个改官还京的机会。

朝廷尚未给出答复，上天在此时又降下"祥瑞"。司天台说，老人星垂眷天际，这历来被认为是极大的祥瑞之兆。老人星每一次出现，司天台都要申奏，宰相与枢密使要上贺表，知制诰要代皇帝批答。为表庆贺，柳永也写了一阕词：

醉蓬莱

渐亭皋叶下，陇首云飞，素秋新霁。华阙中天，锁葱葱佳气。嫩菊黄深，拒霜红浅，进宝阶香砌。玉宇无尘，金茎有露，碧天如水。

正值升平，万几多暇，夜色澄鲜，漏声迢递。南极星中，有老人呈瑞。此际宸游，凤辇何处，度管弦清脆。太液波翻，披香帘卷，月明风细。

柳永以往写词，都是有感而发，信手拈来，这阕刻意为朝廷与皇帝歌功颂德的词却花了他许多功夫。他先是极力赞美宫中秋景：落叶翩翩，白云悠悠，宫殿华美，耸入高空。秋雨之后天气初晴，那象征吉祥兴隆的旺盛云气也被皇宫里的重重宫殿锁住，让宫廷气象高贵而吉祥。台阶旁边，新开的菊花深黄耀眼，盛开的芙蓉浅红醉人，熏得殿宇阶下香气宜人，一派美艳芬芳。华丽的殿宇洁净无尘，铜仙人承露盘中盛满延年甘露，碧蓝的天空明镜如水，安和而祥瑞。

接下来，柳永又歌颂此时的太平盛世，寓意这一切都是皇帝日理万机的功劳，侧面歌颂宋仁宗的政绩。清新的夜色、婉转的铜壶滴漏之声，都是在烘托和平安谧的气氛，老人星的出现则是兆示天下安康。

宋仁宗为庆祝老人星的出现而外出宸游，柳永不知皇帝会去往何处，只知皇帝乘坐的车驾一定伴随着清脆悦耳的管弦乐声中前行，这样才能象征帝王的雍容华贵、至高无上。明月微风之中，汴京禁苑池沼波光粼粼，宫帘卷起，皇帝宸游结束，天下和平安泰。

为了歌功颂德，柳永在词中借用了许多前人的诗文、典故、传说，一改自己往日擅长的俚俗之词，尽力让词章呈现出古雅之色。不满百字的一阕词，柳永采用了七处对偶句，就是为了让词章看上去更加繁复工整。

除此之外，词中色彩鲜明，处处彰显太平景象，又采用和谐匀齐的韵律，显示出庄重端严之势。足以见得，柳永为了替皇帝歌功颂用尽了心力。他万万没有想到，这阕词却险些为自己招来大祸。

柳永的这阕《醉蓬莱》虽用尽全力在歌颂皇帝，但却少了一些雍容华贵、富丽堂皇之态。南宋魏庆之所著《诗人玉屑》针对这阕词曾评价道："'嫩菊黄深，拒霜红浅'，竹篱茅舍间，何处无此景物？"或许正因如此，宋仁宗对这阕词并无好感。

对于渴望改官的柳永来说，呈送这阕歌功颂德之词，是一个改变命运的机会。只可惜，他虽在官场，却并不深谙其中一些约定俗成且不宜为外人道来的规矩。他终究只是个文人，想用一支生花妙笔博得皇帝欢心，却一不小心让词中出现了与悼词暗合的字句，犯了大忌。

所谓"大渐弥留"，指的是病重垂危，因此，皇家素来不喜欢"渐"字。柳永的这阕词，开篇便是一个"渐"字，这已经惹得宋仁宗不快；当读至"此际宸游，凤辇何处"，宋仁宗便已气恼，这句词与御制真宗挽词暗合，犯了忌讳；再看到"太液波翻"四个字，宋仁宗彻底恼怒，曰："何不言'波澄'？"

一个"翻"字，让宋仁宗误以为柳永是在暗示大宋江山将会风雨飘摇。即便宋仁宗素来以仁爱治国，这样的"暗示"也让他无法淡然处之。于是，他将柳永的词扔在地上，愤然离去。

一次改官的机会，就这样与柳永擦肩而过。宋仁宗本就对他颇有成见，他又冲着忌讳一头撞了上去，本就不幸的命运，更加雪上加霜。

若不是宋仁宗生性宽仁，这阕词或许已经为柳永招来了杀身之祸。好在，宋仁宗恼怒之后并未有任何处置柳永的旨意，只是柳永因渴望改官而呈上的投诉奏折无果而终了。

好在，他的官场生涯并未陷入绝境，且依然有转机。

同样是在庆历三年（1043 年），范仲淹于八月拜参知政事，与富弼、韩琦同时执政。他眼见北宋朝廷官僚队伍庞大，行政效率低，人民生活疾苦，辽国与西夏威胁着北方和西北边疆，社会危机日益严重，便决心颁布新政。

范仲淹就任后，向宋仁宗上《答手诏条陈十事疏》，提出"明黜陟、抑侥幸、精贡举、择长官、均公田、厚农桑、修武备、减徭役、推恩信、重命令"等十项以整顿吏治为中心，意在限制冗官、提高效率，并借以达到节省钱财的改革主张。宋仁宗采纳了大部分意见，施行新政，史称"庆历新政"。

新政中规定，官员必须按时考核政绩，以其政绩好坏分别升降。这一条对柳永极为有利，柳永第二次呈上投诉奏折，终于改官成功，被任命为著作佐郎，授西京灵台山令。

北宋的西京，也就是如今的河南洛阳，所谓"灵台"，便是宋代帝王陵寝所在之地。柳永的职务，便是负责管理宋代帝王陵墓祭祀。

柳永的仕途上，第一次洒满阳光。沉寂多年，终于改官成功，他欢欢喜喜地赴任了，除了灵台山令，还兼知永安县事。初到任上，柳永做的第一件事依然是深入民间体察民情。因为永安县是宋朝皇帝陵寝所在地，皇家对当地百姓格外照拂，就连赋税徭役都比其他地方宽松。宋仁宗曾特意下诏，永安县赋税归县仓，无须上缴，专门供祭祀所需；除此之外，择贫困之户负责栽种松柏，供陵墓所需。这些人被称为柏子户，免其徭役。

多年多地的为官经历让柳永知道，并不是朝廷有恩惠，百姓便能受惠。在民间体察一番之后，柳永发现果然如自己所料，当地百姓生活极其艰辛，尤其是到了青黄不接的时节，为了果腹，只能将青稞混上野草，一同炕干磨成面粉，熬成面糊充饥。

柳永为此痛心不已，立刻下令调查，这才知道原来是许多富户为了规避赋税，依仗势力顶替了贫户的柏子户户籍，且数量庞大。另外，原本应由朝廷太常寺供给的县衙支出也由永安县承担，导致永安县的百姓反而要比别处上缴更多的赋税。

为了减免永安县赋税，让太常寺恢复原有的供给，柳永立刻向朝廷上书，并且赈济贫户、严惩顶替贫户柏子户户籍的富户，责令其补缴赋税。

这便是柳永，为皇帝歌功颂德时，他略显笨拙；在为民请命时，他拼尽全力。无论能否改官，他都是尽责的父母官，只要能为百姓做实事，他便问心无愧。

不如放浪江湖

有些梦，尚未开始追逐便已失落，不得不在妥协与退让中深陷一段清愁。芳华不过刹那，沉迷梦中的人，为了璀璨耀眼的瞬间，燃尽孤寂的灵魂，这才蓦然惊醒，繁华过后，剩下的只有冷若冰霜的余生。

改官之后的柳永，除了忙于日常政务，必不可少的应酬也多了不少。众人皆知柳永擅长写词，每次应酬，柳永免不了要作一些赞颂长官的词章：

如鱼水

轻霭浮空，乱峰倒影，潋滟十里银塘。绕岸垂杨。红楼朱阁相望。芰荷香。双双戏、鸂鶒鸳鸯。乍雨过、兰芷汀洲，望中依约似潇湘。

风淡淡，水茫茫。动一片晴光。画舫相将。盈盈红粉清商。紫薇郎。修禊饮、且乐仙乡。更归去、遍历銮坡凤沼，此景也难忘。

据说，这阕《如鱼水》便是柳永在随长官出游时，歌颂中书侍郎的词章。良辰美景之中，歌颂政界要员，未免显得有些突兀，但身在官场，柳永有许多不得已。

尽管不得不顾忌官场尊卑，这一次出游还是很让柳永惬意的。那一日，天空中飘浮着清淡的云雾，山峰的倒影在水面上弥漫相连。十里银塘清澈明净，岸边垂柳迤逦，能够遥遥望见华丽的亭台楼阁，赏心悦目。

池岸上景色怡宜人，池中景色也毫不逊色。菱角在池塘中散发着清香，鸂鶒、鸳鸯成双嬉戏，众人站在长满兰草与白芷的水中小洲向远处遥望，觉得这个并不算广阔的小池塘竟然在雨后也能呈现出洞庭湖般的美景。

茫茫水面上，一片水波被风吹动，荡漾满池阳光。水面上画舫相连，身姿轻盈的美丽歌伎在船上清唱着动人的小曲，唱得众人身心放松。

按照古代民俗，每年三月三都要在水边举行祭礼，洗濯去垢，消除不祥，称为"祓禊"。同行的中书侍郎大人在祓禊之后开怀畅饮，如同醉乐于仙界。众人畅游之后满兴而归，柳永在词的最后还不忘歌颂一番今日所见的风景，称自己即便是周游遍金銮坡上的翰林院和凤凰池旁的中书省，也难以忘怀今日的美景。

虽是献媚词，柳永也不愿失了风骨。与博取上司欢心相比，柳永更愿意看到的是盛世太平，百姓衣食无忧。

庆历六年（1046 年），柳永转官著作郎，终于得以回京任职。这一年宋仁宗寿辰，柳永第一次以朝官的身份写词庆贺：

送征衣

　　过韶阳。璇枢电绕，华渚虹流，运应千载会昌。螯环宇、荐殊祥。吾皇。诞弥月，瑶图缵庆，玉叶腾芳。并景贶、三灵眷祐，挺英哲、掩前王。遇年年、嘉节清和，颂率土称觞。

　　无间要荒华夏，尽万里、走梯航。彤庭舜张大乐，禹会群方。鵷行。望上国，山呼鳌抃，遥蕴炉香。竟就日、瞻云献寿，指南山、等无疆。愿巍巍、宝历鸿基，齐天地遥长。

　　宋仁宗出生于大中祥符三年（1010年）四月十四日，正逢初夏时节，于是，柳永开篇便用一句"过韶阳"，赞颂宋仁宗出生的日子是极其祥瑞的日子，又用古圣王黄帝、少昊、后稷比附当朝天子宋仁宗，赞颂宋仁宗的诞生使得皇图有继，普天同庆，大宋王朝国运将会千载兴盛昌隆。

　　柳永又称颂当今天子得到了天、地、人之灵的格外眷顾和保佑，夸赞宋仁宗的英明圣哲超越历代君王。每年四月，宋仁宗寿辰的那一天，举国同庆，如同过节一般。宋仁宗也会赏赐天下百姓，百姓纷纷举杯祝酒，替皇帝贺寿。

　　称赞了皇帝，自然还要称赞朝廷。柳永赞颂大宋王朝政通人和，因此，不仅朝野同庆，为宋仁宗贺寿，就连各属国都派出使臣，不远万里梯山航海而来。为了款待各国使者，朝廷内奏起象征政通人和、君圣臣贤的舜之"韶"乐，宋仁宗像古圣君王大禹一样全聚各路诸侯。各国使臣朝班如鵷鹭般井然有序，仰望宗主国，为宋仁宗贺寿。

之后，柳永又笔锋一转，继续赞颂皇帝：我皇犹如舜帝，其仁如天，其知如神。他在词中恭祝宋仁宗寿比南山，万寿无疆，愿宋仁宗的皇位和帝王基业，与天地同长久。

这阕祝寿词，被柳永写得雍容华贵，典雅堂皇，极尽铺陈之能事。在柳永的词中，这阕词属于"另类"，即便是因祝寿而写的赞颂之词，也尽显柳永的才华与学问，只是少了他独有的真性情。

这不是柳永为宋仁宗写的唯一一阕祝寿词，另一阕《永遇乐》也是他专门为宋仁宗寿辰而作：

永遇乐

熏风解愠，昼景清和，新霁时候。火德流光，萝图荐祉，累庆金枝秀。璇枢绕电，华渚流虹，是日挺生元后。缵唐虞垂拱，千载应期，万灵敷祐。

殊方异域，争贡琛赆，架巘航波奔凑。三殿称觞，九仪就列，韶濩锵金奏。藩侯瞻望彤庭，亲携僚吏，竞歌元首。祝尧龄、北极齐尊，南山共久。

这阕词的结构与《送征衣·过韶阳》几乎如出一辙，先是歌颂仁宗降生，为天下带来祥瑞，之后渲染八方来朝的盛大场面，最后祝福宋仁宗寿比南山。只不过，这两阕词并不出自同一年，或许是柳永在汴京城中任职的那两年，每年都要在宋仁宗寿辰时赋词一阕，以尽臣子的职责吧。

熟悉的汴京城里，依然流传着才子词人柳三变的传说；花街柳巷之中，依然有人争相传唱他写就的唱词；舞姬歌伎们的记忆里，依然怀念着那个温柔多情的柳七郎。

又是一年元宵佳节，汴京城内处处张灯结彩，大街小巷
鼓乐齐鸣。当圆月升上枝头，在汴京城中洒下一片银辉，人
们纷纷走出家门，赏月，也赏灯。柳永无意中经过平康小巷，
一曲悠扬舒缓的歌声传到耳畔，刹那间，往日纵情恣意的场
景在眼前交错重现，柳永情不自禁驻足，静静聆听那歌声，
仿佛是在吟唱着从前。

柳永循着歌声的方向抬头张望，只见一间妓馆楼上的房
间里并未用屏风遮掩，夜风吹过窗棂，吹动盈盈烛火，也让
柳永借着烛火的跳动看清了一袭熟悉的身影。

在众多歌伎当中，她依然是最出挑的一个，身姿还像当
年那样优雅轻盈。当她目光投向窗外，刚好与柳永四目相对，
立刻巧笑嫣然，来到窗边，有意招呼柳永。柳永却急忙调转
视线，步履匆匆，离开了那个熟悉又陌生的地方。

在词中，柳永写下了自己匆忙离开的原因：

长相思

画鼓喧街，兰灯满市，皎月初照严城。清都绛阙夜
景，风传银箭，露叆金茎。巷陌纵横。过平康款辔，缓
听歌声。凤烛荧荧。那人家、未掩香屏。

向罗绮丛中，认得依稀旧日，雅态轻盈。娇波艳
冶，巧笑依然，有意相迎。墙头马上，漫迟留、难写深
诚。又岂知、名宦拘检，年来减尽风情。

按宋朝律法，对官员出入勾栏瓦舍有一定的限制。若官

员太不检点，便会受到朝廷处罚。据说，就连宰相晏殊之子晏成裕都曾因为纵游妓馆青楼遭御史弹劾，最终被罢官。

因此，柳永自从出仕以后，便收敛了放纵不羁的本性，妓馆青楼中鲜少能找到柳七公子的身影。

官场生活索然无味，柳永虽得偿所愿成为京官，依然寻不回往昔欢乐。多年来的宦游漂泊生活，令他厌倦至极，人到晚年，他心生今不如昔的感慨。如今再回京都，汴京繁华辉煌依旧，但柳永的心情已非昨日，年少时的纵情恣意再也寻不回，徒留满腹悲凉疲惫。

此时国运昌盛，月光下的汴京祥烟缭绕，皇家宫殿辉煌富丽，尤其是在阳光下，宫殿飞檐拐角处的瓦楞洁净明亮，宫殿巍峨高大，更显皇家的威严与气派。眼下的太平盛世，远胜从前任何一个朝代。朝野之上人才济济，街头巷陌歌舞升平，生活在京城的百姓就像阆苑中的神仙，过着自由、快乐的日子。

与柳永当年纵情放荡的时光相比，如今的京城更加精彩，更加风光无限。故地重游的柳永，漫步于柳荫下，在花丛中徘徊，却再也找不到昔日欢乐的踪迹，不禁黯然神伤。

有时候，柳永信马由缰地在汴京游逛，却再也没有当年扬鞭跑马观花的兴致。即便经过秦楼楚馆，也游兴淡然。那些熟悉的青楼歌女们，应该还过着和往日一样尽情嬉戏的生活，模样依然娇艳风流，妩媚可人，可柳永就连驻足的兴致也没有。

因为受仕宦身份限制，柳永不能再与她们见面。况且，多年来漂泊无定的仕宦生涯，也早已让柳永失去了当年歌酒风流的情怀。一阕词章，是他对往日生活的凭吊：

透碧宵

月华边。万年芳树起祥烟。帝居壮丽，皇家熙盛，宝运当千。端门清昼，觚棱照日，双阙中天。太平时、朝野多欢。遍锦街香陌，钧天歌吹，阆苑神仙。

昔观光得意，狂游风景，再睹更精妍。傍柳阴，寻花径，空恁鞚辔垂鞭。乐游雅戏，平康艳质，应也依然。仗何人、多谢婵娟。道宦途踪迹，歌酒情怀，不似当年。

歌舞酬唱的生活一去不返，如今即便是把酒言欢，也只是步步为营，再难酣畅淋漓。回忆从前，只剩伤感，纵情江湖的日子，终究都变成了从前。

心归去，人在天涯

世间有路，众生皆是过客，步履匆匆，经历风雨霜寒的无常。流年萧瑟，折磨着心的是哀伤，岁月淹没了悲喜，只剩一道孤影飘荡在路上。

庆历七年（1047 年），柳永再度前往苏州。关于他此行苏州的原委，史料中并无翔实记载。有人说他只是再度出游，有人说他遭遇贬官，但不论真实原因是什么，可以确定的是，柳永再度离京，羁旅异乡。

从柳永的一阕词中似乎可以判断，这一次离京，他走得并不情愿：

凤归云

恋帝里，金谷园林，平康巷陌，触处繁华，连日疏狂，未尝轻负，寸心双眼。况佳人、尽天外行云，掌上飞燕。向玳筵、一一皆妙选。长是因酒沉迷，被花萦绊。

更可惜、淑景亭台，暑天枕簟。霜月夜凉，雪霰朝飞，一岁春光，尽堪随分，俊游清宴。算浮生事，瞬息光阴，锱铢名宦。正欢笑，试恁暂时分散。却是恨雨愁云，地遥天远。

奔波实非他所愿，为追名逐利荒废了自由也着实辛酸。稍纵即逝的人生，若不能用来寻求快乐，多么悲哀。于是，柳永试图用回忆在汴京与佳丽们共度的奢华生活来忘掉这悲哀。然而，他刚刚沉浸在欢乐的回忆之中，远离汴京的怨恨又袭上心头。

他留恋汴京，那里的金谷园林、平康巷陌，处处皆是繁华盛景。更何况那里还有佳丽如云、珍馐美馔，这些都是柳永此生都不愿舍弃、却不得不舍弃的羁绊。即便身在官场，再不能与佳丽亲近，但汴京一年四季的美景也是可爱的：春日里的亭台、夏日里的枕席、秋夜里的凉意、冬日里的晨雪，都满足着柳永的喜好。

一想到把稍纵即逝的光阴都浪费在官场上，柳永为自己感到悲哀，却又不得不无奈接受。

官场虽似牢笼，但六十三岁的柳永还不到致仕的时候。风雨漂泊的他，早已不是当年那个"奉旨填词"的浪子，余生悲喜，他无法掌控，只能在坎坷仕途上尽力发掘醉人的风景，暂且自娱：

望远行

长空降瑞，寒风翦，渐渐瑶花初下。乱飘僧舍，密洒歌楼，迤逦渐迷鸳瓦。好是渔人，披得一蓑归去，江上晚来堪画。满长安，高却旗亭酒价。

幽雅。乘兴最宜访戴，泛小棹、越溪潇洒。皓鹤夺鲜，白鹇失素，千里广铺寒野。须信幽兰歌断，彤云收尽，别有瑶台琼榭。放一轮明月，交光清夜。

　　这是柳永途经华州时寻觅到的点滴美好，初冬黄昏，天边出现红云，似是祥瑞之景，实际预示着有雪将落。北风渐寒，剪落漫天雪花纷纷扬扬落下，飘于僧舍上空，遍洒歌楼屋顶，装点了鸳鸯瓦。最妙的是渔人打鱼归来，身披一袭蓑衣行驶江上，让晚来江景堪比画卷般美好，也让柳永不由得想起唐代柳宗元笔下"孤舟蓑笠翁，独钓寒江雪"之美。长安城中，处处酒旗飘扬，酒楼中畅饮之人，正在过着柳永梦想的生活。

　　此情此景，激起了柳永的游兴。他乘兴泛舟江上，看水中的白鹤与白鹇，看茫茫雪野覆盖上银白，又期待着冬雪停歇，红云收尽，一轮明月点亮清夜，到时江上定然别有一番景致。

　　离开华州之前，柳永受到了华州知州的热情款待。他此番行色匆匆，就连出席送别的宴席也是匆促的。相聚短暂，再难重逢，想到此处，柳永觉得河岸边花朵上的露珠都仿佛是眼泪，河对岸长堤上的柳林也仿佛被忧愁笼罩着。此情此景，触目伤怀，"啼露"与"愁烟"，既是物情，也是人意，处处皆是凄然。

　　带着伤感与不舍，柳永写词赠予华州知州：

临江仙

上国。去客。停飞盖、促离筵。长安古道绵绵。见岸花啼露，对堤柳愁烟。物情人意，向此触目，无处不凄然。

醉拥征骖犹伫立，盈盈泪眼相看。况绣帏人静，更山馆春寒。今宵怎向漏永，顿成两处孤眠。

酒入愁肠更醉人，柳永没喝几杯便已醉了。醉意朦胧中，他多想留在原地，不再继续走下去了。一双泪眼依依惜别，终究还是要上路。今天晚上，他注定还要独自而眠。

经过长安古道，柳永又回到了他熟悉的苏州。往事历历在目，他甚至还记得初来苏州时，正值青春年华的自己，笔下的词句都带着潇洒：

小镇西犯

水乡初禁火，青春未老。芳菲满、柳汀烟岛。波际红帏缥缈。尽杯盘小。歌袨禊，声声谐楚调。

路缭绕。野桥新市里，花秾妓好。引游人、竞来喧笑。酩酊谁家年少。任玉山倒。家何处，落日眠芳草。

那时的他，还是白衣少年，芳华正好。他的人生里，还缭绕着歌声与欢笑。秦楼楚馆中，有他饮酒听歌的身影，年少轻狂之人，即便酩酊大醉，也从不担心今夜眠于何处。对于年少的柳永而言，处处都是家，哪怕伴着落日，眠于芳草之中，也不失为人生乐事。

如今故地重游，江南风物依旧，柳永却再找不回当初的心境。经历过人生起落、仕途坎坷，他的词中早已充斥着惆怅：

倾　杯

水乡天气，洒蒹葭、露结寒生早。客馆更堪秋杪。
空阶下、木叶飘零，飒飒声乾，狂风乱扫。当无绪、人
静酒初醒，天外征鸿，知送谁家归信，穿云悲叫。

蛩响幽窗，鼠窥寒砚，一点银釭闲照。梦枕频惊，
愁衾半拥，万里归心悄悄。往事追思多少。赢得空使方
寸挠。断不成眠，此夜厌厌，就中难晓。

柳永笔下的苏州，就此蒙上一层阴翳。深秋时节，白露
为霜，木叶凋零，狂风乱扫。秋蛩声紧，雁过无声，映衬着
羁旅之人纷乱的愁绪。酒醉初醒，则是夜深人静，因受归心
侵扰，柳永就连梦中都是不安稳的。他醒来再无睡意，拥着
衾被，任思绪缥缈，追思往事。

这注定又是一个不眠夜，至于不成眠的原因，就连他自
己也说不清。他唯一清楚的是，身在官场，慨叹与悲愁最是
无用，当第一缕晨光从天边洒下，他不得不收起凌乱的记忆
碎片，整理心情，做自己该做的事。

史料上并无记载柳永此番来苏州究竟有何使命，据说当
时江南水患严重，柳永也为此事出力不少。为了改善修筑堤
坝的兵丁们的饮食条件，他宴请当地乡绅，向他们讲述修堤
防洪的重要性，又讲述了修堤兵丁食不果腹的现状，最终说
服乡绅们捐粮捐资，既改善了兵丁们的伙食，又节省了百姓
的赋税。

在苏州，柳永和当地官员相处融洽，也曾写过许多词相
赠。这并非谄媚，每一个得到柳永赠词的人，皆受到柳永发

自内心的尊重。他曾为苏州太守写词：

木兰花慢

古繁华茂苑，是当日、帝王州。咏人物鲜明，土风
细腻，曾美诗流。寻幽。近香径处，聚莲娃钓叟簇汀
洲。晴景吴波练静，万家绿水朱楼。

凝旒。乃眷东南，思共理、命贤侯。继梦得文章，
乐天惠爱，布政优优。鳌头。况虚位久，遇名都胜景阻
淹留。赢得兰堂酎酒，画船携妓欢游。

词的上片，柳永赞美苏州胜景。苏州自古繁华，是春秋
吴国都府。多少文人墨客曾用诗词赞美那里鲜明的人物、细
腻的风土。想要寻求胜景，便要来到距离西施采香径不远处、
聚集和簇拥着采莲美女和渔翁的汀洲，那里有晴空万里的太
湖，绿水岸边矗立着万家朱楼。

词的下片，便是赞美苏州太守。天子任用贤能，苏州太
守的位子就是留给像他这样的贤能之士的。柳永毫不吝啬溢
美之词，称赞苏州太守有当年刘禹锡和白居易的文章与仁爱，
这二位都曾在唐朝担任过苏州太守一职，施政优优宽和，深
受百姓爱戴。

淡淡素笺，浓浓笔墨，涂抹着柳永的心痕。天涯之人，
以为自己只是过客，柳永的一切追逐与惦念，统统留在京城，
也期待着早日重返，结束羁旅苦行。可惜，后人遍阅史料，
没有找到柳永返京的只字片语。或许，那烟雨朦胧之地，便
是他人生最后的归宿。

有生之年走不出红尘

世间熙攘，别离沧桑。风花雪月，红尘陌上，都抵不过烟雨彷徨。波澜不惊或许乏味，颠沛流离之后才发觉，平淡的心最充实。

美好的人生，该有诗酒与风月，摒弃琐事，活得从容。可惜，柳永虽到了两鬓斑白的年纪，依然躲不掉红尘路上的驱驰。

在苏州，柳永面对江南美景，回忆起早年的陕甘之游，又想起吴越争霸时范蠡的事情，感慨万千，遂作一词：

瑞鹧鸪

全吴嘉会古风流。渭南往岁忆来游。西子方来、越相功成去，千里沧江一叶舟。

至今无限盈盈者，尽来拾翠芳洲。最是簇簇寒村，遥认南朝路、晚烟收。三两人家古渡头。

多年前，柳永写过一阕《双声子·晚天萧索》，同是苏州怀古，却与此词有着截然不同的意境。此番怀古，柳永以追忆的形式展开，不再将江南景物描写得博大、苍茫，而是以细致、精美入手，又饱含浓郁的生活气息。

然而，无论柳永以何种方式描写景致，他心底的苍凉冷落还是无法掩饰的。于是，简洁清新的画面里，瞬间便弥漫了苍茫的历史感。词中最后提及的"古渡头"，或许就是当年范蠡携西施泛舟五湖的登舟之处，柳永的脑海里，或许也浮现出那对古人缥缈离去的身影。

斯人已去，柳永并非关心历史的得失，而是从瞬息间的功业成败和万古常新的景物之中，感叹人生的短暂，抒发自己没能建立功业的悲哀。

自从进入官场，柳永的词中便总是充斥着羁旅哀愁：

曲玉管

陇首云飞，江边日晚，烟波满目凭阑久。一望关河萧索，千里清秋，忍凝眸？杳杳神京，盈盈仙子，别来锦字终难偶。断雁无凭，冉冉飞下汀洲，思悠悠。

暗想当初，有多少、幽欢佳会，岂知聚散难期，翻成雨恨云愁？阻追游。每登山临水，惹起平生心事，一场消黯，永日无言，却下层楼。

往事总是不堪回首，柳永伫立山岭之上，独自凭栏，看黄昏云彩纷飞，晚上江边暮霭沉沉，茫茫万里烟波。千里关河，可见而不尽可见，只见清秋之景凄凉萧索，让人不忍久望。

遥远的汴京城里，有柳永思念之人。她是汴京城中的歌伎，柳永与她当年虽不是正式夫妻，却感情极深。自从柳永出仕，两人便断了联系。柳永也曾给她写信，可望尽南飞的大雁，柳永也没能等来她的回信，徒惹得自己愁思更长。

一切惆怅，皆源于旧日欢情。回想当初，他们共度了多少美好时光，可惜聚散不由人，当日的所有欢乐，都演变成今日的无限愁怨。

多少辛酸，难以言说，每当登山临水，都会勾起柳永的回忆，或许只有走下楼来，才能让心绪稍稍平复吧。

因为深陷愁绪无法解脱，柳永才喜欢登高望远，希望能寻找到心灵的寄托。尤其是在寥廓的秋天，他远眺浩瀚苍穹，感受自己的渺小，天地之间的萧索，便是他内心最真实的写照。

生而为人，一切痛苦都无法逃遁，于是便统统演变成悲凉的曲调。

这一年，柳永写过一阕词送给时任苏州太守的滕宗谅：

永遇乐

天阁英游，内朝密侍，当世荣遇。汉守分麾，尧庭请瑞，方面凭心膂。风驰千骑，云拥双旌，向晓洞开严署。拥朱幡、喜色欢声，处处竞歌来暮。

吴王旧国，今古江山秀异，人烟繁富。甘雨车行，仁风扇动，雅称安黎庶。棠郊成政，槐府登贤，非久定须归去。且乘闲、孙阁长开，融尊盛举。

对那些受自己欣赏的人，柳永从来不吝惜溢美之词。这阕词虽不符合柳永一贯的词风,却句句发自内心。他称赞滕宗谅上有皇帝宠幸,下有百姓拥戴,占尽天时地利人和,在苏州必将大有作为,很快便会被朝廷召回京城,到时委以重任。

可惜,世事向来不如柳永之意。滕宗谅没有像他祝愿的那样飞黄腾达,来苏州上任仅一个月,便在任上病故。

这世间能让柳永欣赏之人又少了一个,好在,苏舜钦还在。因为支持范仲淹的庆历新政,遭到御史中丞王拱辰弹劾,苏舜钦正在苏州罢职闲居。官场不如人意,苏舜钦却懂得在生活中寻找如意。他在苏州修建了沧浪亭,还专门写道:"丈夫志,当景盛,耻疏闲。壮年何事憔悴,华发改朱颜。"

柳永与苏舜钦是同年进士,交情虽不深,却有同年的情分,又同时适逢仕途失意,不禁惺惺相惜。

庆历八年(1048年),苏舜钦接到朝廷任命,即刻赴任湖州长史。柳永替苏舜钦高兴,也因即将与旧友分别伤怀。离别的日子将近,柳永已经做好了替苏舜钦送行的准备,谁知他等来的并非苏舜钦即将赴任的消息,而是苏舜钦的死讯。

生命竟如此脆弱,因病离世的苏舜钦只有四十一岁,正是在官场上大有作为的年纪。柳永素来知道人生不如意,却未想到能不如意至此。得知苏舜钦死讯的那一日,柳永整整一夜未眠,天边微微出现一丝光亮时,他便走出家门,想到林间走一走,让林间清新的空气驱走心头的窒闷。

正是深秋时节,雨后的城外西郊满是凉爽肃杀之意。黑夜将尽,天将破晓,此时正是一天中气温最低的时候,正所谓"罗衾不耐五更寒",走在郊外小路上的柳永更是觉得衣袖间生起阵阵凉风。

那难以抵挡的寒意让他情不自禁地抬头仰望天空，天边几点残星黯淡无光，一颗流星正在陨落，听人说，那代表着人间有一个生命正在消逝。或许，那颗流星便是苏舜钦吧，它闪烁的光芒，沉没在树林的那一边，再也看不见。

很快，鸡鸣声起，山的那一边已隐隐有旭日的光影出现，那漫长而又崎岖的小路终于可以看得清晰了。然而，走了多年的仕途，却从未让柳永看清前路。他在仕途上奔走了多年，光阴一年年流逝，其中的艰辛唯有他自己知晓。为了那不足挂齿的蝇头利禄，为了那微不足道的蜗角功名，他苦苦追寻，到头来依然一事无成。

路程遥远不可知，前程不可预料，却有渺茫之感。像柳永这样心高气傲的人，最痛苦的便是让美好年华消逝在奔波之路上。他自责、自悔，自问为何丢弃了山水之乐，流连于仕途，将当年伟大的理想与抱负随随便便地消磨殆尽。柳永找不到答案，只是觉得，或许是到了该归隐于山林的时候了：

凤归云

向深秋，雨余爽气肃西郊。陌上夜阑，襟袖起凉飙。天末残星，流电未灭，闪闪隔林梢。又是晓鸡声断，阳乌光动，渐分山路迢迢。

驱驱行役，苒苒光阴，蝇头利禄，蜗角功名，毕竟成何事，漫相高。抛掷云泉，狎玩尘土，壮节等闲消。幸有五湖烟浪，一船风月，会须归去老渔樵。

功名利禄，皆是浮云，浮沉聚散，早该看淡。仕途羁旅，柳永用脚步一步步丈量，最终望断巫山，徒留悲伤。

皇祐元年（1049年），柳永转官太常博士，次年又改任屯田员外郎。十六年官场生涯，总结下来，更多的是苍凉。这似乎便是柳永的宿命，悲愁大于欢愉，就连诗情画意都无法化解哀叹。

曾经，他是白衣少年，做过最好的自己，见过最美的风景。如今，岁月赠予他的，不仅是生命的厚重，还有从漫长的羁旅漂泊中磨砺出的沧桑。

屯田员外郎，是柳永仕途的终点。他将以这一身份致仕，从此定居润州（今江苏镇江润州）。风流浪荡，都已成为过往；浮利虚名，再也无须追逐。

没有人知道，在最后的那段人生里，柳永经历了什么。直到皇祐五年（1053年），柳永与世长辞，依然没有人说得清，那个秋天究竟发生了怎样的故事。

就连柳永最终葬于何处，都成了后世的争议。有人说，柳永卒于襄阳；也有人说，柳永葬在枣阳县花山；还有人说，柳永卒于京口，葬于真州。甚至有人说，柳永去世时穷困潦倒，是一群妓女合力安葬了他，并且每年清明，柳永墓前都有群妓前往祭扫，世人称之为"吊柳七"，也叫"上风流冢"。直到北宋南渡，这一习俗才终止。

或许，是因为柳永从不曾轻视妓女，愿意为她们付出真情，世人才给了柳永一个浪漫的故事结局。直到如今，依然有人吟唱着他的"杨柳岸，晓风残月"，也有人捧着他的《乐章集》，品味着他曾吟诵过的风月。

他的人生，那样孤寂，却又那样丰盛。红尘路上，柳永走过一遭，并未在此栖身。一生风流、一世才华，皆随他一同化作尘土。那些经他之笔写下的词句却流传于后世，代替他感受红尘变迁，也承载着他的人生，把他的故事讲给后人。

后 记

柳永的人生称不上得志，却称得上绚烂。他是白衣卿相，也是一代文宗，浅斟低唱之间，他"奉旨填词"，词名与才华的光芒掩盖了同时代的许多人。

常有人把柳永与"诗仙"李白放在一起比较，他们同样看似放荡不羁，内心却满是旁人无法体会的辛酸；他们同样活得矛盾，既热爱繁华与功名，又总是惦念着归隐山林；他们同样有着最真的性情，不吝在诗词中表达最真实的自己，却不被世俗相容。

若将功名比作囚笼，柳永和李白一样，都曾困囿其中。李白说"仰天大笑出门去，我辈岂是蓬蒿人"，柳永说"忍把浮名，换了浅斟低唱"，同样的一身傲气，同样的自命不凡，最终也同样落寞离去。

然而，柳永与李白也并非处处相同。李白斗酒诗百篇，柳永遇上歌伎，便能写出最浪漫的词句。或许，这也算是柳永与李白的共同之处，他们都有一颗受伤的灵魂，李白需要靠酒来麻醉，柳永则需要与红颜知己一起谈论词句的创作时才能得到抚慰。

无论如何，柳永的才华的确绚烂了一个时代。就连大文豪苏东坡也曾问一幕客："我的词和柳永相比，你觉得如何？"那幕客想了想说："柳七的词，温婉缠绵，适合十七八岁的女子，拿着红牙板，唱着'杨柳岸，晓风残月'。而学士您的词，那是要关西大汉，抱着铜琵琶，手执铁板，唱'大江东去'。"

一番话引得苏东坡哈哈大笑，却从另一个层面印证了，柳永的词，堪称婉约派集大成者。

就是这样一个婉约的柳永，并不被世俗相容。他曾去拜访当朝宰相晏殊，晏殊问柳永："你也作曲子吗？"柳永答："和您一样。"晏殊却讥笑道："我虽也作曲子，但不曾有'针线闲拈伴伊坐'这样的。"柳永于是退去。

晏殊虽未明说，但聪明如柳永，自然听得出晏殊在讽刺自己词句艳俗，不愿与他相提并论。可放荡不羁就是柳永的本性，他追求功名，也蔑视功名。表面上，他寻欢作乐，狂歌艳舞，只有在夜深人静无人之处，才能独自体会内心的苦闷。

据说，柳永死后，宋仁宗听说群妓凭吊柳永的奇事，不肯相信，便派出一名大臣前往柳永墓地查看虚实，大臣回来之后，抄录了一首在民间广为流传的诗："乐游原上妓如云，尽上风流柳七坟。可笑纷纷缙绅辈，怜才不及众红裙。"

不知宋仁宗是否因为自己埋没了人才而脸红，但这却足以确定，在百姓心目中，柳永的才华是可供凭吊的。

"凡有井水饮处，皆可歌柳词"，可见柳词传播之广、受欢迎程度之高。站在世俗角度看，柳永的一生并不成功，但若换一个维度去看，柳永的人生活得足够真实，哪怕执着于荆棘小路，也一直坚持做自己，从未失去本心。